子どもと女性のくらしと貧困

「支援」のことばを聞きに行く

中塚久美子

かもがわ出版

まえがき
助けて欲しいと声をあげた人の人生を肯定する

私が書いたあるシングルマザーの記事をきっかけに、物資の提供をしてきた男性から支援者宛てに手紙が届きました。その中に、こんな言葉がありました。

「感謝の言葉がないなら、警察に通報する」

シングルマザーの苦境に心を痛め、行動を起こしたことについて、私は心から尊敬しますし、関係する方々も男性に感謝の気持ちを伝えていました。でも、それは彼が期待したものではなかったのでしょう。

極端な事例かもしれません。しかし、無視していいことでもないと思いました。この本を著そうと思ったきっかけの一つです。

手紙が届いたのはコロナ禍が始まった年、２０２０年の秋から翌年の冬ごろだったと記憶しています。経済的に厳しい環境にあった人たちが口にしていた「先が見通せない不安」というものが、具体的にどういうことなのかを、多くの人が実感していた時期でした。困窮による不安が身近になり、思いを寄せる人々が増え、「お互いさま」の気持ちが目に見えるようになりました。各地で、食料配布や相談支援などが広がったのはその証しです。

人を助けたいと思う気持ちに偽りはないでしょう。しかし、冒頭の「警察に通報する」まではいかなくとも、支援しようと思う対象に、どんなまなざしを向けているのかを、振り返って考えてみる必要があるのではないでしょうか。

＊

そう思い至った理由を、この約15年間、私が取材してきた「子どもの貧困」との関わりから説明します。

子どもの貧困が現代の日本で「発見」されたのは２００８年。２０１３年には、「貧困」という言葉を冠する日本初、そして唯一の法律、「子どもの貧困対策法」が成立しました。この間、民間から始まった子ども食堂や、学習や就労の支援、居場所づくり、公的支援などの取り組みが広がりました。私も、たくさんの支援現場を見せてもらう機会を得ました。

「寄り添い支援」や「伴走型支援」といった言葉が一般的に使われ始めました。行政も、ひとり親家庭や引きこもり、就労、子育て、ヤングケアラーから、被災者・被害者への支援まで、様々な分野で「寄り添い」「伴走型」を事業に名付けるようになりました。では、「寄り添う」とは具体的にどういうことなのでしょうか。

正反対のケースから考えてみます。

こんなことがありました。私がある自治体の選挙取材に備え、市役所前にある店でランチを食べていた時のことです。目の前のテーブル席には3人組の女性。皿とフォークがカチカチあたる音の隙間から会話が漏れ聞こえてきました。

「お金がないのにどんどん子ども産むねん。しかも、全部父親が違うねんで」

その踏み込んだ内容から、公的な関係性でひとり親支援に関わっていることが想像できました。「一定のお金がないと子どもを産んではダメなのか？」「父親が違う背景と生活状況を把握しているのか？」などと言いたくなりますが、心の中でどう思うかは自由としましょう。しかし、支援される立場の人が最も苦しむのは、支援者による一方的な評価とまなざし、それに基づく「アドバイス」、実質的な助けにならない「支援的行為」です。

助けを求めて相談窓口にようやくつながったのに、「母親はあなた一人だから頑張れ」「最近は子どもができない人もいるから、子どもがいるあなたはまだ幸せなのよ」と言われ、余計にしんどくなった経験を持つ人もいます。公的機関に相談したけど、嫌な思いをしたり、全く助けにならなかったりしてあきらめて、新しい相談先としてインターネットを選び、見知らぬ人とネット空間で親密になっていく事例も少なくありません。

支援団体に、半分以上使ってちびた色鉛筆セットや黄ばんだタオル、賞味期限切れの食品、虫交じりの古米など、不用品を送ってくる「善意の人」も後を絶ちません。そうした品を仕分けするシングルマザーの手は真っ黒に汚れます。ホコリまみれの物が詰められてくるからです。支援物資を受け取るのが「怖い」と話していました。

支援している側にとっては、支援的行為をすれば「一丁上がり」かもしれませんが、助けを求めている側の自尊心を傷つけます。余計に心が重くなり、助けを求めることを躊躇することにつながります。支援の広がりの裏で、根性や努力の押しつけ、説教が現実に存在しているのです。

＊　＊

一つ、データを紹介します。長年、貧困や格差の問題を研究してきた東京都立大学教授の阿部彩さんは２００３年から、子どもにとって何が最低限の生活レベルなのか、社会的に合意できるところはどこかを探る「必需品支持率調査」を続けています。「家庭の経済的事情にかかわりなく、希望するすべての子どもに与えられるべきだと思うもの」をアンケートで聞き、人々の過半数の支持があれば、それはその社会で生きる子どもにとっての必需品と位置付けます。

その必需品が欠けている状態を貧困の指標の一つとし、満たされる方法を考えることが、政策につながります。

阿部さんは、子どもの貧困が社会的に認知されてきたのにともない、支持率が上がっている項目が増えていると思っていました。しかし、2022年の結果では、「一日3度の食事」でさえ2011年と2015年の結果より支持率が下がり、8割を切りました。この間、子ども食堂が広がり、食事を提供したい大人が格段に増えたにもかかわらずです。かつて5割以上の支持があった「一日1回以上の果物」と「校外学習」は、過半数を切りました。給付型奨学金制度ができたのに、「大学進学」は半数を超えませんでした。どの調査年よりも支持率が高く、半数を超えたのは「サイズの合う靴」のみでした。

本音と建前なのか。「寄り添い」や「伴走型」はかけ声だけなのでしょうか。

こうした中、2023年4月、こども家庭庁が発足しました。「こどもの視点に立って、常にこどもの最善の利益を第一に考える『こどもまんなか社会』の実現に向けて、全力を尽くす」と岸田文雄首相が繰り返し位置づけるこども家庭庁は、当事者の声を聞き、ニーズにあった制度や支援を提供していくことになります。

子ども政策の方向性や目標を盛り込む「こども大綱」の策定では、「こども・若者を権利の主体として認識し、最善の利益を図る」「当事者の視点を尊重し、ともに考える」などが軸として挙がっています。

これまで、助けて欲しいと声を上げた少数派は、助ける側の多数派が納得できる説明を常に求められてきました。多数派が、小さくて細い声を削ってきたとも言えます。その声の主は、私の出会ってきた範囲では、子どもと女性です。

＊＊＊

一人ひとりがコロナ禍を経験して、「支援」というものが身近になりました。支援する側・される側は固定されるものではなく、行ったり来たりするものととらえた方が自然でしょう。「支援」が地域の多様な人々の参加によってなりたち、全国各地で関心事になり、さらに、政策に当事者の視点が尊重されていくことを前提とすれば、寄り添う行為のもとになる考え方の「柱」がこれからもっと大事になってくるのではないか。

そこで、本著では、具体的に子どもや女性の貧困に向き合い、当事者に伴走を続けている大阪の2人の女性に焦点を当てます。

1人は、一般社団法人シンママ大阪応援団（大阪市）の代表理事、寺内順子さん（1960年生まれ）。寺内さんは普段、大阪社会保障推進協議会の事務局長です。もう1人は非営利任意団体「シェアリンク茨木」（大阪府茨木市）の代表、辻由起子さん（1973年生まれ）です。辻さんは子ども・若者支援活動をしながら、こども家庭庁の参与も務めています。

結論から言えば、2人の「寄り添い」は、生きようと思って助けを求めてきた人の人生そのものを肯定している、ということです。「食べる」を通じた支援も共通しています。それは生きることそのもの。「こころ」と「からだ」を大切にしているということです。「支援」を受けた人が元気を取り戻していく姿や、意見表明ができるようになっていく変化を垣間見てきた者からすると、当たり前のようで忘れられがちな「身体性」を大切にすることが出発点だと言えます。

寺内さんは自らの活動拠点を「Ｚｉｋｋａ（ジッカ）」、つまり「実家」のような場所と位置づけています。辻さんは「体温を感じる支援」を大切にしていて、そのベースは「人権」だと言います。2人の活動は「まちの保健室」のよ

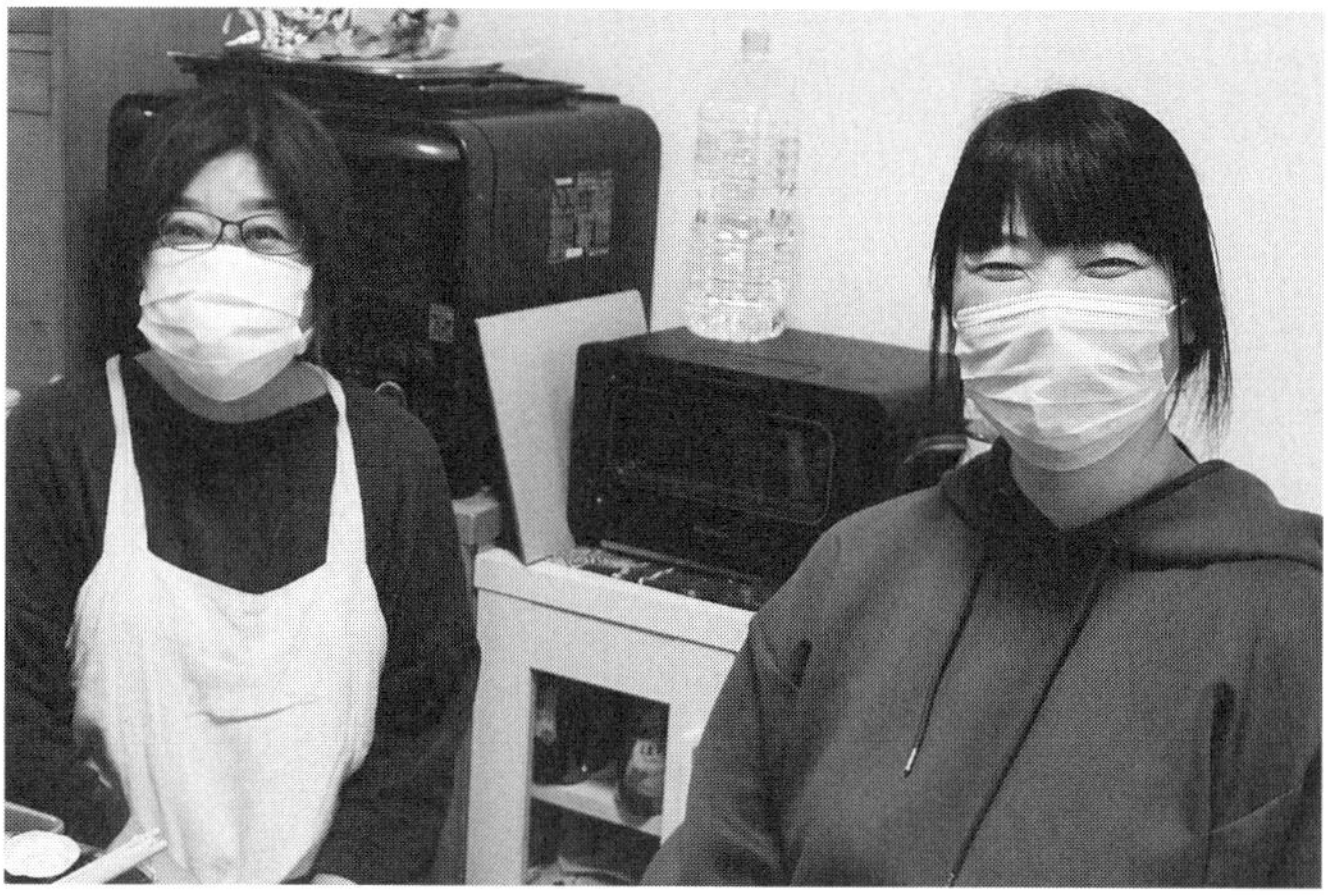

寺内順子さん（左）と辻由起子さん。寺内さんの招きで、Zikkaでご飯を食べる2人

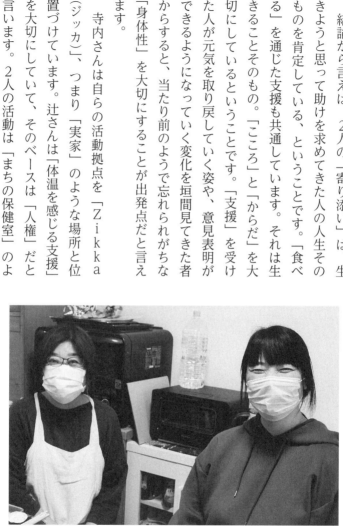

うでもあります。そこに「評価」がないからです。ケガをすれば手当てをしてくれ、教室に入りにくい時や心がしんどい時、ちょっと話を聞いて欲しい時、迎えてくれる学校の保健室。なんとなく一緒にいる空間と時間です。

さらに2人は、それぞれのやり方で、政治や行政へも働きかけています。地域住民の善意への「タダ乗り」は見過ごさないという姿勢と、目の前の現実への対応の両輪です。また、2人は互いの支援のありようを尊敬し合いながら、それぞれの得意分野を生かしてカバーし合っています。

＊＊＊＊

話を聞いて欲しい時、おなかがすいた時、戻る家がない時、心細い時、とやかく言わずに「ご飯食べよう」「大丈夫。なんとかするよ」と受け止める。寺内さんや辻さんとその周りの人たちが、SOSを出してきた本人と一緒にどうしたらいいかを考え、行動する。本著で伝えることは、ボランティアのすすめでも、支援のノウハウでもありません。具体的な個々のストーリーから、多数派こそ向き合わないといけない現実、具体的な「伴走」、交流の中から生まれた変化などを通じて、生存権など人権の保障を問い直し、何が必要なのかを一緒に考えていく試みです。

正解はありません。ただ一つ言えるのは、「支援」における主人公は、助けて欲しいと声をあげた人です。

中塚久美子

＊本書は書き下ろしをベースに、２０１９年以降朝日新聞に掲載した記事に加筆修正したものと、寺内さんと辻さんがそれぞれＳＮＳや講演などで発信したものを加えて再構成しています。文中の肩書や年齢は取材当時のものです。人物名は一部の方を除き、仮名です。写真は提供いただいたものです。

もくじ

子どもと女性のくらしと貧困
「支援」のことばを聞きに行く

第4章　なかよしの他人を増やす

第3部　現状と課題を読み解く　子どもと子育て家族のデータ・研究から

第1部

「何も聞かない」から始める

寺内順子さん

第1章　「いま」に寄り添う

(1) 雪の中、置き去りにされた母子

トマトソースと肉とタマネギを煮込む香りが、集合住宅の廊下にまで漂っている。シンママ大阪応援団の拠点「Ｚｉｋｋａ」で、のんちゃん（29歳）が寺内順子さんにリクエストした手作りの煮込みハンバーグが、間もなくできあがるところだった。のんちゃんにとっては、亡き母との思い出のメニューだ。

「おいしぃ」。暖かい部屋で、長い髪の毛を手で押さえながら、一口ずつハンバーグをほおば

る。穏やかな時間が流れる。前年の正月とは、正反対の。

のんちゃんは、雪の中、元夫に置き去りにされた。

息子のぬくもりを頼りに

気温零下2度。雪景色のなか、わずかな車のわだちが見えた。ところどころ商店もあったが、正月休みで人けはなかった。

のんちゃんは、元日から機嫌が悪かった夫に車で連れ回されていた。

「降りろ」

数十分経ったとき、そう指示された。言われるがままに、車のドアを開けて降りた。夫は車を発車させ、去っていった。所持品はスマホと財布。腕から伝わる生後半年の息子のぬくもりだけが、頼りだった。

降ろされた場所の見当がつかなかったが、歩いて数分の場所にJRの駅を見つけた。

「助けてください」

110番した。保護され、近くの警察署へ。ポットでミルクを温めて息子に与えた。警察官に言われた。「逃げた方がいいよ」

母の死去、実家がない

「のんびり屋だから、のんちゃん」。旧友がつけたあだ名だ。母子家庭で育ち、18歳の時に母をがんで亡くした。のんちゃんは大学の学費と生活費をバイトと奨学金で工面した。

東京の大学を卒業後、会社の同僚として、のちに夫となる男性に出会った。妊娠が分かると、夫から「家業を手伝うため、実家に帰って来いと言われている」と急に言われた。「話が違う」と思ったが、のんちゃんには実家がない。心が揺れた。

母親と夫の故郷が近かったことが、その時は運命のようにも感じた。多世代で暮らす大きな戸建て住宅が並ぶ、農業中心のまち。４世代同居の家族に、のんちゃんは20代半ばで加わったが、すぐに孤立した。

夫の暴言と暴力が始まった。車で5分もかからないスーパーでさえ、行き先を告げないと説教が始まった。妊娠中にグーでおなかを殴られた。

「暴力はお前のせい」

いらつかせるのんちゃんが悪い、とされた。

のんちゃんは、参院選のまっただ中、長男を出産した。ちょうどその日、地元の新聞は著しい人口減を懸念して、若者の流出をいかにくいとめ、地方再生をどうやってすすめていくべきかが課題だと論じていた。

「嫁の分際で」、総ぐるみDV

授乳中に、夫にゴミを投げつけられたり、産後間もなく性交渉を求められたりした。痛くて断るとケンカになる。ケンカになればセックスをしなくてすむので、「ラッキー」だと思った。ただ、その作戦も10日が限界。すぐに妊娠した。

のんちゃんは、義母に愚痴ってみた。「つらいよね」と同情されたが、話が義父に筒抜けに。義父は「俺も妻をたたいてきたし、浮気は普通」と言った。子育てが落ち着いたら仕事をしたいと話したら、「嫁の分際で身の程知らず。男と女が平等なんてまず無理」ととりつく島もなかった。

地域には一家の親戚や友達が必ずいる。誰かに相談しても、話の内容が筒抜けになるのは時間の問題だと思った。独りぼっちで時間を持て余し、庭で山菜を栽培し、それをオンラインで売ったりしてやり過ごした。義両親や夫が仕事に出かけている日中、東京の友人にＬＩＮＥで時折近況を報告。近くのコンビニが、息抜きできる場所になった。

「私を大切にしてくれた親が悲しむ。申し訳ない」。だから、いつか逃げると決めた。でも、夜は無理。真っ暗で何も見えない。出産と第2子妊娠で外出は限られ、土地勘がなかった。

翌年の元旦、地元の新聞は、やはり地方の人口減を喫緊の課題にあげ、一人ひとりが自問自答して立ち向かうべきだと説いていた。

逃げた後の暗転、心当たりのない「所得」

2日後、昼ご飯が気に入らないと元日から怒り続けていた夫に車で数十分、連れ回され、雪の中、降ろされた。

生きづらいまちを、のんちゃんは去った。

親族が暮らす大阪で住まいを見つけ、まず中絶した。次に、助けてくれる人を探そうとインターネットで「シングルマザー」「母子家庭」「支援」と検索した。3団体を見つけた。一つ目の支援団体は、シングルマザーの証明を求めてきたのであきらめた。逃げてきたばかりだったので、まだ離婚もできていない。

二つ目の団体からは「相談にのるよ」という返信があった。実際に助けてくれるかどうか分からず、打ち返さなかった。最後が、シンママ大阪応援団だった。何も事情を聴かれず、食料品が入った段ボール箱「スペシャルボックス」が宅配便で届いた。ミルクやおむつも入っていた。「いつでもおいで」と返信があったが、半年ほどはメールのみのやりとりだった。「中絶して、子どもが小さいし、お金もないし、家から出られない。ただ、人につながれた安心感があった」

本格的なコロナ禍が始まる少し前。柔軟で緩やかなつながりと、放置されていない感覚が心地よかった。

暗転したのはその年の秋。

離婚手続きを進めるうちに、のんちゃんに「所得」があることが分かった。ひとり親の手当である児童扶養手当をもらえないばかりか、国民健康保険料や税金の督促状が届くようになった。義父が、のんちゃん名義の金融機関口座に毎月30万円弱を「給与」として振り込み、その当日か数日後に全額引き出す、ということを同居期間中に続けていたのだ。のんちゃんは口座の存在さえ知らなかった。

義父にLINEで問いただすと、「食費は1人7万円。携帯やトイレットペーパー代がかかる」「家賃は1人4万円」といった「主張」が次々と返ってきた。「（出て行く前に）挨拶の一言くらい欲しかったな」と、のんちゃんを責める内容も続いた。

心が削られていった。夫は一切連絡してこない。

子育てにも悩んだ。コロナ禍で思うように外出できなかったうえ、1歳半健診で発達の課題を指摘された。

インターネットで「自殺予防」や「離婚でつらい人」の相談窓口の電話番号を調べ、手当たり次第にかけてみた。チャット相談もあるが、時間がかかる。すぐに人と話せる電話に頼った。

やっとつながった相談電話でこれまでのことを語ると「つらいですね」と「共感」された後、「助けてくれる人はいないんですか？」「弁護士に相談にいきましたか？」と聞かれた。母が亡くなったこともふくめて、また一から話をしなくてはいけないのかと思うと、空しくなった。

子どもを預ける場所を求めて児童相談所や施設にも電話した。役所にまず相談するよう言われ、役所では受け入れられないと言われ、パンフレットを渡された。手元に様々な支援情報のパンフレットだけがたまる。徒労感だけが残った。

「具体的に助けてもらえるまで、関所がいっぱい。そこでくじける」

SOSを受け止めてもらえない絶望。逆に児童虐待を疑われ、子どものことで責められるのは母親という現実。幼い子どもと2人きりでいる夜の孤独。

現実逃避だと分かっていたが、薬とアルコールを大量摂取した。救急車で病院に搬送された。5日間の入院中、鼻からチューブを体の中に入れる処置が、陣痛よりも、元夫の暴力よりも、痛かった。逆に、「生きる」と決めた。

「猛獣使い」のいる安全な場所

「もう耐えられないので、そっちに行っていいですか？」

義父とのやりとりに悩んでいたころ、のんちゃんは寺内さんに連絡をとり、Ｚｉｋｋａへ向かった。

義父に言いくるめられそうになっても、寺内さんが「(義父が) 不正申告しているのでは」と役所に電話をしてくれた。弁護士を紹介してもらい、弁護士の助言通りに動いたら、義父が申告を修正した。のんちゃんにとって、初めての「一緒に行動してくれる人たち」だった。

ごはんを食べながら、淡々と寺内さんに、これまでのことを話した。「責めずに話を聞いてくれたことに、びっくりした」と言う。Ｚｉｋｋａのお風呂にお湯をためて、入浴剤をいれて、子どもと2人、久しぶりの湯船につかった。

寺内さんのことを「猛獣使い」とのんちゃんは表現する。「Ｚｉｋｋａには、自分と同じようにとっちらかってる困窮家庭が来る。利用者間でトラブルがおきても不思議じゃないのに、それは見たことがない。よくこの環境を守れているなあと思う」

寺内さんは、話をただ聞く。根掘り葉掘り聞かない。その理由をこう明かす。「安心安全な場だと分かればママたちは自分から話す。ここで食べ放題、飲み放題、しゃべり放題で満ち足りるとケンカは起きない」

Ｚｉｋｋａの冷蔵庫には、食料をいつもぎっしり詰める。テーブルに小銭が散らかり、お菓子は山盛り。アルコール類も欠かさない。ママたちが飲みながら、苦労話に笑いを交ぜる。Ｚｉｋｋａに来られないママたちの好みの食べ物や飲み物は、寺内さんが付箋でメモし、その内容に沿って食料支援の箱「スペシャルボックス」に詰める。一人ひとりのニーズに合わせているので、不公平だという声は聞いたことがない。

ママ同士のゆるやかな連帯も生まれた。のんちゃんがＺｉｋｋａに駆け込んだとき、先客がいた。暴力の恐怖で母国から逃げてきた外国籍の女性だ（55ページ）。来日後に妊娠・出産して、シングルマザーになったと聞いた。日本語ができない彼女が、互いの現実を包み込むように、ぎゅっとハグしてくれた。別のママからは、障害を持つ子どものための活動や福祉制度の利用の仕方を教わった。おかげで、子どもを預けて、買い物や家の片付けができた。

出産前後から、母親の「あるべき姿」を常に求められてきたのんちゃんは、大阪のまちの人の優しさにも驚いたという。道や駅で子どもが泣いて焦っていると、「子どもは泣くのが当たり前だよ。何カ月？」と気軽に声をかけられた。結婚していた頃、「母親として半人前以下」と評価されていた。子どもがいると人が優しくしてくれるのを、初めて知った。

「つらかったとき、もし誰かが隣にいてくれたら、薬を飲まなかったと思う。薬より、（スペシャルボックスに入っている）ケーキやカルピスの方が元気になる」

今、心とおなかが少しずつ満たされている。「『人間』を回復しています」

（2）妊娠6回、出産4回　自分を取り戻すまで

恵美さんは、てきぱきと動き回り、シンママ大阪応援団のママたちの小さな困り事にも目配りするお姉さん的存在だ。４人の子どもを育て、３人はすでに独立した。シンママ歴は６年。

25年間、元夫の暴力の支配下にあった。

親に迷惑かけられない

夫婦間暴力は気付かれにくい。セックスの強要もその一つだ。

「最初から恋愛感情はなく、ただ怖くて逆らえなかった」

始まりは、恵美さんが中学3年生の時にさかのぼる。当時、家族と会話がなく、塾通いさせられて友人と遊ぶ時間もなく、話し相手を求めて夜、たびたび外出した。出会ったのは少し年上の男性。元夫だ。

受験シーズン。「もう遊ばれへん」と伝えると、殴られた。怖くて、でも親に迷惑をかけたくなくて相談できない。「私が家族の前から消えれば全てうまくいく」と考え、家を出てバイトを始めた。

元夫が転がり込んできた。「お前の家族がどうなるか分かってるんか」。毎日体を求められた。金銭の要求もあった。断って機嫌を損ねれば暴力が始まる。ライターやたばこで焼かれた跡が、ふくらはぎや腕に残った。

怒らせなければ丸く収まる。子どもがいれば優しくなるかも。そう思うようになった。妊娠すると「これからは真面目に仕事せなあかんな」と元夫の態度が、柔らかくなった。ほんの少しの間だけ。6回妊娠し、4人出産した。

朝まで6時間殴られ

一度だけ逃げたことがある。しかし、追いかけられる恐怖で自分から戻った。見えない鎖につながれているようだった。金を要求され、渡せばつかの間、無事に過ごせる。「お金があれば変わってくれるかも」と恵美さんが昼夜働いた。サラ金やカードローンで借金もした。夫の車の購入代やパチンコなどの遊興費に消えた。

子どもへの虐待も始まった。元夫は夏休み中の子どもに、毎日ノート1冊、漢字を書くよう命じた。「お父さんに怒られるから丁寧に書きなさい」。恵美さんは知らず知らずのうちに、元夫の機嫌を悪くしないことを行動基準にしていた。夫が子どもを殴った時、子どもをかばったら、より一層事態が悪化した。かばうより、夫に同意した方が、暴力が早く終わり、結果的に子どもを守れる。そう思った。そして実際、そうだった。

子どもたちは、学校の先生に父親の暴力を告白すれば、保護され、児童相談所へ連れて行かれ、学校に通えず、友達に会えなくなる、と仲間内で情報共有されていたという。それが嫌で誰にも相談しなかった、と恵美さんは後日子どもたちから聞いた。

6年前のある日、恵美さんは朝まで6時間殴られ続けた。アルコールを飲みながら意味不明な説教をし続ける夫に、「お金を用意する」と念書を書かされた。このとき初めて、他人から見える顔面にケガをさせられた。

夫が眠りについた朝方、隣室に移動すると中学生の息子が起きていた。

「もう、刺してしまおうか」。そう漏らした恵美さんに、予想もしない言葉がかえってきた。

「俺が刺す。少年法があるから」

我に返った。恵美さんは末娘を保育園に送った後、ほぼ無意識に自分の職場へ向かった。上司に打ち明けた。上司があちこちに電話しはじめた。ケガの手当てを受け、警察署へ送ってもらった。あっという間だったような記憶がある。その後、元夫は傷害容疑で逮捕された。

その日、ＤＶから逃げるためのシェルターに入った。25年ぶりに、安心して眠れた。

食料支援に木の枝？　ゴボウとこんにゃく50個

しかし、それもつかの間。夫は不起訴処分になった。検察官から「前科がないし、酔っていて覚えていないと言っている。今は反省している」と聞かされた。全く納得がいかないが、それが現実だった。

３歳と高校受験生の２人の子どもを連れて、シェルターに入った。高校を中退して働き始めたばかりの17歳の子は、シェルターの年齢制限もあり、一緒に暮らせなくなった。シェルターは携帯ダメ、仕事ダメ、学校もダメ。滞在できる2週間は、子どものことやこれからのことを考え、生活を立て直し、軌道にのせるにはあまりに短かった。何より、夫の報復が怖い。加害者に対して被害者への接近を禁じる「保護命令」の申し立てに、ほとんどの時間を費やした。

配偶者暴力相談支援センターからは、「身の危険があるから、大阪を離れるように」と言われ、恵美さんは別の府県の役所で母子生活支援施設の入所について相談した。しかし、「空きがない」との返事。恵美さんの目には、自治体間の連携がとても悪いように映り、自力でやるしかないと思った。自ら母子生活支援施設に連絡を取り、「運良く」入所できた。

施設では、地域の支援団体から食料を受け取った。大きな箱に「枝」のようなものがいっぱい入っていた。棒切れだと思った娘は「ママ、これで遊んでいい？」と聞いてきた。洗ってみたら、割り箸より細いゴボウだった。他にも、こんにゃく50個や、届いたその日が消費期限の大量のパンも届いた。ニーズに合わないものばかりか、明らかに他人にとっての「いらない物」だった。

「私って、その程度の存在なんやなって。情けなくて」

「私の応援団」との出会い

ある日、書店で一冊の本と出会う。『シングルマザーをひとりぼっちにしないために』。シンママ大阪応援団がまとめたものだ。お金がなくて買うことができず、図書館で探して一気に読んだ。すぐに応援団にメールを送った。

過去を聞かれなかった一方、食料品や日用品が入った「スペシャルボックス」が送られてきた。普通にスーパーに売っているもの、新品でいい香りがするもの、可愛いもの、ちょっと豪華なもの。手作りのケーキと手紙が入っていた。「会ったことがないのに、送ってもらった下着のサイズがぴったりだったんです」

余り物ではなく「私たちのためのもの」。当時、末娘は保育所に入れず、離れて暮らす息子たちが気がかりで、仕事も見つからない。心身ともにどん底の生活を、スペシャルボックスが支えた。心がほぐれていくにつれ、「私の応援団の人たちに会いたい」と気持ちが募った。夫に遭遇するのが怖くて、大阪に足を踏み入れることに半年間思い悩んだが、思い切って、応援団の秋のスイーツ作りイベントに参加した。

寺内さんはこの時の恵美さんの末娘の姿を鮮明に覚えている。携帯ゲームに釘付けだった。眉間にしわをよせ、わずか3歳でイライラを全身から発していた。恵美さんがイベントを楽しんでいると、「早く帰ろう」と怒り始めた。「しんどそうな子」という印象だった。末娘が「パパを落とす」と言いながら、砂場で穴を掘っていたころだ。

子どもを守るなら、まず親を支える

応援団では、子どもの入学式や卒業式に、ママのために着物の着付けをしている。恵美さんは末娘の小学校の入学式に、あでやかな着物を着せてもらった。上のきょうだいたちの時は、あり合わせの暗い服で、なるべく顔が見えないように髪の毛を下ろしていた。

末娘の入学式では、見知らぬ人に「きれいですね」と褒めてもらった。娘がそれを見て、「ママ、よかったね！」と言った。息子たちも、「オカンが落ち込んでいる時はつらかった」と言い始めた。

ママたちが集まってご飯を食べられる応援団の居場所「Ｚｉｋｋａ」に顔を出すようになった恵美さん。母子家庭同士でたわいもない話も、つらい経験も、安心して話せた。恵美さんは「経験者だから分かることがある。孤立する人をこれ以上増やさないため、私だからできる支援をしたくなった」と話す。

恵美さんはスペシャルボックスの発送作業で、リーダー役を担う。大切な人にプレゼントを選ぶ時と同じような気持ちで、箱を開けた時にわくわくするように、明るい色のパッケージの食品やリラックスできる入浴剤など、彩りを考えて詰める。応援団が参加する生活困窮者向けの相談会にも関わり、来場者の話を聞いたり、物資を渡したりしている。末娘の表情が次第に柔和になっていった。恵美さんが落ち着いたからだ、と寺内さんはみる。

「あっち側」と「そっち側」

一方、テキパキ振る舞う姿が誤解を招いたこともある。応援団に参加して日が浅いママから、「恵美さんは、あっちの人だと思った」と言われた。ショックだった。「あっちの人」とは、生活に困窮することなく暮らせる人、という意味だ。

「6年前に家も仕事も全部失った。ちょっと前まで私もしんどかったよ。だから一緒だよ」。そう告げると、「え？　見えない」と驚かれた。

「世間体があるから生活保護を受けたくない」と切り返してきたママに、「私もそやったよ。でも、あまりにしんどそうな私を見た子どもらが、生活保護をすすめてきた」と伝えた。

恵美さんは福祉の専門家ではない。「シングルマザーはいろいろ助けてもらえてええなあ」という批判ややっかみも耳に入る。恵美さんも「自分がそうなるまではそっち側だった」と認める。

コロナ禍で、パートの収入が不安定になり生活保護を受け始めた。抵抗感があったが、今は別の見方ができる。

末娘が精神的に不安定な時は仕事を早退した。病気などで仕事を休めば、時間給だからこそ収入が減る。通院をサボることもあった。しかし、生活保護の利用によって収入の不安定さがカバーされ、就労収入＋生活保護が「固定給」のような形になった。実際に受け取っていた生活保護費は月に数千円、休みが増えれば月2万~3万円だった。

恵美さんは生活保護を「安心の保険」と表現する。「食べられること、寝られること、医療を受けられることを心配することなく、子どもの心に寄り添えた。もし、生活費にびくびくしながら毎日を過ごしていたら、体調を崩した子どもを叱ったり、自分がストレスをためたりして、仕事も子育てもうまくいかず、悪循環に陥っていたかもしれない」と言う。末娘は、定期的に歯科に通えて虫歯がなくなったうえ、精神状態が落ち着いた。恵美さんは、より仕事ができるようになった。

約3年間利用した生活保護から自立し、正規職員になった。

しんどさの経験者として集会で話す

「困ったらSOSを出すべきだ」という声に対し、恵美さんはこう答える。「誰かに助けを求めたとしても、次に何が起きるのか怖かった。誰かに気付かれないよう頑張る自分と、助けられたいという思いと、矛盾を抱えつつ、一度でも気付いてもらえないとあきらめてしまう。隠れたSOSに気付ける人が増えて欲しい」

恵美さんも、暴力の渦中、生き延びるために、しんどさから抜け出すためのエネルギーを使えなかった。例えば、職場の健康診断で「うつ状態」「適応障害」と指摘された時。精神安定剤を飲んだ。公的機関のカウンセリングを受けた。そうやってやり過ごし、アドバイスを受けると、「私のしんどさなんて何も知らないくせに」と反発心が芽生えた。根本的原因は夫だ、とは口にできなかった。本当はもっと話を聞いて欲しかったのに。

「話したくなる雰囲気の場で、自分から話し始めたい。そういう話題になって、そうだよね！と言ってくれると安心する。しんどい時は、素直に心に入ってくる人の言うことにしか耳を傾けられない」

最近、しんどさを経験した人として、ある集会で、顔を出して話した。25年間暴力にさらされたこと、SOSを出せなかったこと、保護されただけでは解決の道は見つからなかったこと……。話すことは、恵美さんにとって大きな挑戦だった。

集会の参加者から「社会を変えるためには当事者の声が大切」と言われ、自信を持てた。「私は変わったのではなく、きっと本来の私に戻れていっている」

一番恐れていたのは、孤立だったと気付いた。

(3) 離島で車中生活　フェリーで大阪へ

高速道路沿いにある外階段のアパート。部屋の呼び鈴を鳴らすと、胸に5カ月の赤ん坊を抱えたアカリさん（29歳）が迎えてくれた。訪問の約束をしてから間が空いていたので、直前にメッセージを送信したことを伝えると、「あ、携帯がいま使えなくて、全然見られてないんです」と答えた。詳しく事情は聞かなかったが、気軽に人と交流できる状況ではないようだった。

アカリさんは、10カ月前、フェリーに乗って、大阪にやってきた。小学生から2歳までの5人の子どもを連れて。寒さ厳しい2月。おなかの中には赤ちゃんがいた。

離島で、夫のＤＶに苦しんでいた。逃げ場がなく、島を離れるまでの約2カ月間、子どもを連れて車中で寝泊まりしていたという。

暴力暴言、夫婦ってそんなもん

離島では、島民がみな親戚のような雰囲気だった。夫とは18歳の時、きょうだいの紹介で知り合った。1年交際したのち、妊娠して、結婚した。

「ＤＶじゃないの？」

初めてそう指摘したのは、保健師だった。5人目の子の半年健診の時だ。問診で、経済的な事情を聞かれ、夫が生活費を出さないことや、上の子どもたちが学校でケンカしてくると、「（アカリさんの）頭が悪いからだ」と夫に責められる話をした。

健診後も、アカリさんの職場に保健師が会いに来たり、電話をしてくれたりして家庭の話をしていうちに、「それはダンナさんがおかしい」と言われた。

アカリさんはDVという単語を聞いたことはあったが、しっくりこなかった。父親が母親に暴言を吐くのを子どもの頃から見てきた。夫婦間では当たり前のことだと思っていた。母がマイペースな性格だからだ、と考えていた。

夫は、酒を飲むと暴言をぶつけてきた。ライターや酒の瓶を投げつけてくることもあった。普段は真面目に働き、外ではいい人に見られていた。

身内に相談したこともあったが、「自分らも同じだった。もっと昔は酷かったよ」と返された。そんなもんだと自分を納得させた。

保健師と警察の後押し

保健師は「何かあってからでは逃げられないよ」と、できることならすぐに逃げるよう勧めてきた。

第6子を妊娠していた。お金と行き先のあてがない。実家の場所は知られている。実家も余裕がないので、母子全員を受け入れられないだろうと考えた。別の島への引っ越しを考えたが、育休中は夫の収入だけで生活したため、ちょっとした蓄えもなかった。家のローンを抱えていた。DV被害者のための保護施設は、島内になかった。

アカリさんは、車中生活の決断をする。自家用車の後部座席のシートを倒し、子どもを寝かせた。子どもを転校させたが、たまに登校できればいい方だった。小学校は、ＤＶ対応の経験がないようで、ほとんど関与しなかった。

荷物は隙を見て実家に移し、必要な時にとりにいった。食事は母親がくれる弁当。風呂は、夜中などに見計らって入った。車は港に泊め、たまに公園に移動した。

夫が未就学の子ども２人を連れ帰ったことがあった。案の定、夫は子どもの面倒を見られず、戻してきた。離婚届は、捨てられた。再び送りつけたが、また捨てられた。

警察は、話をしっかり聞いてくれ、「島を出た方がよい」と背中を押した。大阪に住む親族が、「後のことはどうにでもなるから、とにかくおいで」と交通費を支援してくれることになった。

子連れで引っ越すことを夫に伝える際、警察が同行した。２人の警察官のうち、１人は県外から来た人だった。ＤＶ対応の経験があるようで、「自分が言った通りにすればいいから」とアカリさんを励ました。

夫の予定を見計らい、島を離れるタイミングが訪れたのはクリスマスイブの日。フェリーが港を出るまで、警察官２人が見送ってくれた。

大阪に到着後、無事を案じる電話があった。島の警察からだった。

不安的中、島に帰りたい

アカリさんにとって大阪は、新婚旅行先だった。繁華街のミナミで、つわりに苦しんだ。夫は、人で夜のまちへと繰り出した。そんな「思い出」が残る右も左も分からない都会に、一人で子どもを連れて新しい生活を始めようとやってきたが、不安でいっぱいだった。

親族が暮らす2DKの公営住宅に、妊娠中のアカリさんと子ども5人の計6人が身を寄せた。不安は的中した。子ども同士のケンカや、経済的負担をよく思わない親族の配偶者。アカリさんたちは、掛け布団を敷いて寝た。寒かった。

島に帰りたい。

気持ちが揺らぐなか、インターネットでシンママ大阪応援団を見つけた。相談のメールをいれたら、すぐに食料が入った荷物が届いた。それまでアカリさんの子どもが暴れると怒っていた居候先も、食料が来てからは何も言わなくなった。

生活保護申請へ、引っ越しの手伝いはサポーター

家を見つけ、子どもを学校に通わせ、保育所を見つける。出産後に落ち着いたら仕事をして、自立する。アカリさんはそうした道筋を描いた。

大阪の小学校の対応は、「島とは違って、早かった」と言う。もし夫が追いかけてきて、子

どもに声をかけてきた時、学校はどう対応するかを話し合った。大阪の警察は、島の警察と情報共有し、役所はアカリさんの情報が漏れないよう対応することを確認した。

一方、生活保護の相談窓口をたずねたが、離婚が成立しておらず、形式的には夫と同一世帯に見えるため、受け付けられなかった。

「落ち着くまでは生活保護でいきましょう」と寺内さんから提案を受け、アカリさんは改めて、この状況では生活保護しか手段がないと考えた。寺内さんが申請に同行することになり、事前に担当課に電話を入れ、アカリさんの事情を伝えた。担当者は丁寧で、なるべくたくさんのことを自分で書かなくてもいいように配慮してくれたという。

保護が決まり、およそ20日後に現金が支給された。翌週、親族の家から引っ越した。この間、家探しや病院の付き添いのサポートは応援団の理事で、大阪市で保健師として38年間勤めた亀岡照子さん（1951年生まれ）が担い、寺内さんがベビーカーや寝具、家電などの寄付をSNSで呼びかけた。引っ越しは、応援団のサポーターたちが掃除機や洗濯機、家具、子どもの衣類などを送ったり運び込んだりして、無事落ち着いた。

亀岡さんは、アカリさん一家と接しているうちに、食事をしっかり取れていないことに気付いた。例えば、亀岡さんが一家を訪ねた日の食事が、市販の冷凍ハンバーグを温めてご飯の上に乗せる1品スタイルだった。ひとり親で、妊娠中で、経済的に困窮しているアカリさんにとって、5人の子どもの食事の準備がどれだけ大変か、亀岡さんは容易に想像できた。

1週間に2回、亀岡さんが自宅で作った肉じゃがや天ぷらを届けた。温かい食事に、子どもたちから歓喜の声があがった。「これ、ママが作ってくれたことある～」と大はしゃぎで喜んでくれたという。亀岡さんは「アカリさんはいつも料理をして子どもに食べさせてたんだなあ、子どもたちはお母さんが大好きなんだなあということが伝わってきた」と話す。天ぷらの具材は、ちくわや野菜、たまに鶏肉。「お金のかからないもので作った。じゃないと、もらう方が気をつかうでしょ」

タイミングと「忘れないでいてくれる」

アカリさんは「ずっと他人に遠慮があったけど、私の表情で亀岡さんにしんどさを見透かされていた」と言う。子どもの発達や近所づきあい、家具や服が足りないということまで、悩みは尽きない。「何かある?」と聞かれて、話をするうちに甘えられるようになった。亀岡さんも、「アカリさんのいいところは、正直に話してくれるところなのよ」とこたえる。

アパートは、2部屋と台所。子ども6人と大人1人には狭い。上階の洗濯機の音やベランダに水が落ちてくるのが気になる。

寺内さんと亀岡さんも、小学生の子どもが思春期を迎えた時のことまで考え、住まいの心配をしていた。成長に合わせて落ち着ける環境が必要だ。さらに、下のきょうだいには、よく動き回る子もいて、アパートの外階段からの転落も心配だ。

アカリさんは「引っ越したい、とそれとなく言っていたのをしっかり覚えてくれていて、寺内さんから空き家情報が届いた。子どもたちが、寺内さんのおいなりさんをまた食べたいといったら、冷凍でたくさん送ってくれる。子どもの好物の寺内さん手作りのカステラが、スペシャルボックスに毎回入っている。私が忘れるくらいのことも覚えてくれている」と言う。

Ｚｉｋｋａにも一度足を運んだ。子どもたちだけを公園に連れ出してくれ、アカリさんはゆっくりご飯を食べられた。似たような経験をしたママたちと話をして、気分転換になった。

「大阪に来てから、一番楽しかった。救われた」

7人暮らしにふさわしい引っ越し先は、自分で見つけた。

DVと生活支援　寺内さんに聞く生活保護

シンママ大阪応援団は、毎月の食料支援のほか季節のイベントを催しているが、大きな柱は生活支援だ。安定した生活を築くうえで、支援者が生活保護制度を熟知しておく必要性について、寺内さんに聞いた。

――支援の具体的なポイントを教えてください。

シンママ大阪応援団につながるママさんたちはほぼ全員働いていますが、公務員や大企業の正社員という人はいません。私はまだ一人たりとも出会っていません。給料が最低生活費に届かず生活が苦しい人が多いので、生活保護申請から支給決定までの知識やスキルを持っておく必要があります。

本人が躊躇していたら、生活保護について説明する。サポートするから大丈夫よ、と。もちろん申請同行します。敷金、礼金、保証料、引っ越し費用もすべて出してもらう形で決定してもらうようにします。一発で申請受理までいかないと、ママさんたちの心が休まりません。なぜなら、あの長時間におよぶ聞き取りと説明は、ママさんをとても疲れさせ、傷つけるからです。

――窓口ではどんなやりとりをするのですか。

生活保護手帳と別冊問答集を横において、面接担当者が理不尽なことを言ったら、「あなたがいま言ったことはどこに書いてあるのですか」と聞き、「このお母さんと子どもたちが生きていくために、生活保護以外で何か方策があれば具体的に教えて欲しい」「このお母さんと子どもたちの自立のためにはどうしたらいいのか一緒に考えて欲しい」と伝えます。

申請受理後はケースワーカーに電話し、いつ家庭訪問か、いつ審査をするのかを聞き、そして必ず法に定められている2週間で決定するよう促します。

相手も人間です。こっちが一生懸命なら絶対に応えてくれます。彼らもいい仕事がしたいのです。そして、とにかく、丁寧に対応することが重要です。机をたたいたり、暴言を口にするなんて、絶対にしてはいけません。生活支援があっての食料支援です。順番を間違えてはいけません。

私が経験したなかで、申請から決定まで最短は3日でした。申請して、翌日家庭訪問して、その次の日決定という早さです。さらに素晴らしいのは、家庭訪問のときに3万円の当座の資金も出してくれました。これは後で保護費と相殺されますが、この配慮は素晴らしいと思います。

一方、「こういうケースははじめてなので、本庁に問い合わせます」と言ったまま担当者がママと子どもと私を1時間放置するという対応をした自治体もありました。この時は私がいたので、まず本庁に電話して、「いま、○○から問い合わせ電話が入っているか」と聞きました。「電話はない」ということでしたので、こうしたことが起こらないようお願いし、それ以降は申請手続きが進みました。しかし、こうやって申請者をあきらめさせるようにしているのではないかと考えてしまいます。

——離婚が成立してない場合、どのように生活保護につなげられるのでしょうか。

ＤＶなどから逃げる場合、親族のもとに逃げ込むことがあります。私が相談を受けるのは、この時点が多いです。

生活保護は世帯単位で申請をするのが原則ですが、夫婦関係が破綻していて元に戻る可能性がなければ、母子世帯だけに保護決定ができ、その後引っ越す、という順序にすると、引っ越し費用が保護費から出ます。お金がなければ引っ越しできないのだから、自立の第一歩のためには家を借りる初期費用と引っ越し代が必要です。保護申請するまでに引っ越し先を決定し、契約の直前まで持っていき、そして申請する。私が関わったケースでは、「自立した生活」に向けた第一歩として認められました。

一方、絶対に認めない自治体もあります。どんなに家賃が安くても、初期費用は25万円から30万円かかる。

寺内順子さんは生活保護の窓口に同行する時、必ず生活保護手帳を横に置いて話す

このお金がなければ、家を出ることができません。

——そうした場合、実際に女性たちはどんなことに直面しているのでしょうか。

このお金を作るために、カードローンに手を出す人も多い。一旦カードローンに手を出すと、100万円、200万円と借金はすぐ膨らむ。そうならないことが、自立した生活じゃないのか、と私はいつも面接相談員に話します。

生活保護制度は一番しんどいときに利用し、そして元気になって働けるようになったら抜けていける制度であるべきだと考えています。

——各自治体には市民向けの生活保護の「てびき」や「しおり」があるようですね。

素晴らしい「てびき」や「しおり」を作っている自治体があります。低所得の世帯モデルごとに、生活保護を利用した場合と利用しなかった場合の手元に残る金額を計算し、生活保護を利用するなら支給額はいくらかを示してくれています。

大阪社会保障推進協議会が大阪府内の各自治体に社会保障制度の充実を要請する場では、当日に「てびき」を出してもらって、内容を確認して、指摘をする。そうやって相談者目線の「てびき」に改めていってもらいます。

(4) 全身黒ずくめ、年の瀬に現れた19歳

「友達の友達が家出をして大阪に来るんですが、行くところがないので、Ｚｉｋｋａに泊めてもらえないでしょうか」

２０１８年の年の瀬、シンママ大阪応援団がサポートしている若手のユミさんから、寺内さんに一報が入った。最寄り駅に迎えにいくと、全身黒ずくめの女の子が突っ立っていた。

この日が19歳の誕生日だという。冬に出会ったので、寺内さんは冬美さんと呼ぶことにした。

冬美さんは、寺内さんと、ユミさんと3人でＺｉｋｋａのコタツで暖を取った。何をしゃべったか、記憶にない。

「お風呂に入る?」と勧められ、好きな入浴剤を選んだ。1時間以上、出てこなかった。

「初めてお風呂にゆっくり入りました。お風呂は怖いんです。誰かに後ろから襲われそうで」

身体が温まると、冬美さんは不思議と冗舌になった。何も聞かれてないのに、いろんな話や悩み、思いを語った。

翌朝、寺内さんは冬美さんたちを起こさないように、静かに家事をしていたが、いっこうに起きる気配がない。掃除機をガーガーとかけたが、それでもちっとも起きてこなかった。安心

できる場所があることと、信頼できる大人がいることが、困難を抱える若い2人に伝わったようだ。

Ｚｉｋｋａは、女性のための止まり木だ。

否定され続けた子ども時代

冬美さんは小学生の頃から、どうすれば一人で生きていけるかを考えていた。中学時代には家を出ようと心に決めた。

寝かしつけてくれていた母が、姿を消したのは5歳の時。自宅のエレベーターまでは追いかけた記憶がある。

翌朝、警察が家に来た。葬儀が行われ、遺影に母の顔があった。なぜ亡くなったのか、分からなかった。母がいつも大変そうだったこと、冬美さんは母の友人によく預けられていたことをぼんやり覚えている。

冬美さんは、同居していた祖母の暴言を浴びて育った。「あんたはいらん子や。あんたがおるから父親が苦しむ」

祖母には何でも報告する必要があった。テストの成績が悪いと叱られた。謝ると、「謝ることを安売りしている」と言われた。

「その影響なのか、荒れていた」と小学校時代を振り返る冬美さん。友人を殴ったり、窓ガラスを割ったり。心のしんどさを同級生に告白すると、「もっとつらい人がいる」とはね返された。祖母と顔を合わせたくなくて、昼夜逆転の生活をした。中学1年で不登校に。絵を描くこととゲームが心の支えだった。教員らは「学校に来い。おばあちゃんの言うことは聞け」と命令調だったが、美術部の顧問だけは「学校に来たくなければ、別に来なくてもいいんじゃないの」と否定も肯定もしなかった。部活だけは、出席した。中3の担任が父親を5時間説得して、通信制高校への進学の道が開けた。絵に没頭した。

高2の頃から、食費として1週間に7千円を渡され、食事は自分で用意した。時折、節約して画材を買い、途中から渡されなくなった定期代は、バイト代などで工面した。就職を見据えて、オープンキャンパスで知った専門学校への進学を希望した。学費が高い、と却下する父と殴り合いになった。ローンで120万円借りてもらえたが、残りは自分で用意した。

親の援助なし、「冬美基金」の誕生

母はなぜ亡くなったのか——。これだけは確認してから家を出よう。父親と祖母を問い詰め、ようやく分かった。自殺だった。

「母が最後に目にしたのは、私だったんだ」

ゲーム機など電子機器一式、保険証と印鑑をリュックに詰めた。何本か鉄道を乗り継ぎ、大阪に到着した。

Ｚｉｋｋａで一呼吸ついた後、近くで安いワンルームマンションを探した。学費は奨学金、生活費はバイト、食べ物はスペシャルボックス。

寺内さんから「住民票を移すように」とアドバイスを受け、すぐに実行した。その後、コロナ禍がやってきた。自分が世帯主になったことで、親元にいれば手元に入ってこなかっただろう給付金を確保できた。

バイトを失い困難に直面したが、最初は応援団の助けで、のちに自力で、緊急小口資金、住居確保給付金、特別定額給付金、学生支援給付金、コロナ対応給付型奨学金を申請し、給付された。特に家賃の心配がなくなったのは、大きかった。

孤独の中で支えになっていた絵とゲームで、将来食べていくつもりだった。描いたり作ったりしたことのない人たちからは「その道は厳しいよ」と言われてきたが、応援団のママや子どもたちは「すごいね」と褒めてくれた。驚き、嬉しかった。

第一歩として、西日本の企業で1カ月のインターンシップの選考に合格した。なんとしてでも参加したい。しかし、宿泊費、生活費、大阪との往復の交通費など、すべて自己負担だ。事情を知った寺内さんは、SNSを使ってこう呼びかけた。

【冬美さん応援基金へのサポートのお願い】

シンママ大阪応援団でサポートしている冬美さんをご紹介します。

彼女は2018年末、「家にいられない女の子をZikkaに泊めてあげてくれませんか?」という彼女の友人の友人から送られてきたメッセージがきっかけとなって知り合った女性です。幼い時から家に居場所がなく、ついにこの日、家を出てきたのでした。その日はとても寒い日でした。

冬美さんは、小さい時から絵を描くこととゲームが好きでした。この2つが彼女を孤独から救ってくれたのではないかと思います。いま、彼女はその好きなことを一生の仕事にするために学校に通っています。親からは一切の援助を受けず、学費はすべて奨学金で賄っています。

冬美さんは10月から1カ月、ある会社にインターンシップに行くことが決まりました。このインターンシップでの内容いかんで就職が決まるそうですから、非常に重要な1カ月となります。しかし、その1カ月間の宿泊費、生活費、そして大阪との往復の交通費はすべて自己負担です。もちろん彼女にそのようなお金はありません。

そこで、冬美さんを応援するための基金を立ち上げることにしました。内容は、マンスリーマンションの家賃、1カ月の生活費、交通費、リクルートスーツ・靴等の被服費（Tシャツやジャージー、運動靴しかもっていません）等々につかいます。目標は40万円です。

さらに、寺内さんは中間報告として、冬美さんの近況を知らせ、再び呼びかけた。

【中間報告】

サポートをお願いしている冬美さんの基金ですが、15万円ほどの入金があり、すでに13万円を冬美さんに渡しました。彼女は小学校以来、服を買ってもらったことがないそうです。一昨日の日曜日に梅田に一人ででかけ、リクルートスーツ、替えのパンツ、革靴、バッグを購入し、そして美容院でカットをしました。それほどてきぱきと動くタイプでない冬美さんが、これだけの買い物をして、美容院も予約をして行くとは。それだけ、張り切ってるんだなぁとほほえましく思います。マンスリーマンションが決まれば、基金から家賃を支払いたいと思いますので、引き続きサポートをお願いいたします。（いずれも一部省略）

「応援基金」という形で、背中を支えられた冬美さんは、インターンシップに行くことができた。生活費のことを考えないでいい毎日が、本当に楽しかったという。寺内さんの知り合いが運営する「シンママ福岡応援団」のメンバーが飲み会に誘ってくれ、新しい交流もできた。

学年で一番早く、首都圏のゲーム会社への就職がきまった。

「今までとは違う人たちに会えた」

「ここに来て、今まで会った人たちとは違うタイプの人たちに会えた」

Ｚｉｋｋａには、上から目線の人がいないのだと言う。当初、シングルマザーではない冬美さんは、自分がいていい場所なのか戸惑った。でも、「もっと頑張れるでしょ」的なことや「私よりマシね」と言う人がいない空間にホッとした。むしろ、「私はこんなことがあったから、こんなことが言えるよ」と話してくれる。26ページの恵美さんがそのうちの一人だ。

「以前の自分の周りにいた人は、上から目線で言うだけ言って、私は知らんけど、みたいなのばっかだった」

小中学生の頃、普通じゃない、まともじゃない、と人によく言われてきた。不登校にも過剰反応された。「不登校の子とは関わったらあかん」という声も聞こえてきた。

「まともって何ですか？　周りと合わせることですよね」

冬美さんは、自分に起きたことについて、「一つずつ記憶を広げて、たたんで、整理している」

と言う。しんどかったな、こんなこともあったな、と振り返り、自分の性格との兼ね合いで、同じことが起きないようにするにはどうしたらいいかを考え、試している最中だ。それは、人に干渉しすぎないこと。干渉され続けてきて、人と関わるのが苦手だと思っていたが、今は、自分で折り合いをつけている。

Ｚｉｋｋａとのつながりについては、冬美さんから「行きたい」と言ったことはない。「でも、いやじゃないし、楽しいし、息抜きできる。まあ、基本、ゲームができればよいので」

Zikkaで「神様」、巣立つ

ゲーム会社にクリエーターとして就職する冬美さんは、Ｚｉｋｋａに集う子どもたちにとって、「神様」だ。不登校気味の男児は、母親には反発するが、冬美さんの言うことならよく聞く。ゲームにはまっている男児と冬美さんは、ゲームの話で盛り上がる。

応援団の中で貴重な若手人材として、子どもの遊び相手のボランティアにも動員される。35ページのアカリさん一家の子どもたちとも、公園に出かけた。

応援団とつながってから４回目の誕生日。大阪で過ごす最後の年末でもあり、冬美さんを祝う会がＺｉｋｋａで開かれた。翌朝、寺内さんは冬美さんのサポートをこう振り返った。

「昨夜は幸せな夜でした。何よりも、冬美さんの嬉しそうな顔が忘れられません。駆けつけてくれたママさん、こどもたち、ありがとう。3年前の、あの暗い顔の少女が、昨日は弾ける笑顔の女性になっていました。バースデーケーキはママが走り回ってゲットしてくれました。シンママ大阪応援団があって、拠点Zｉｋｋａがあって、ほんとうによかったなぁ。コロナ禍のなかでの大変な状況は終わらず、先がみえないけれど、それでも、沢山の笑顔に出会えた。優しい世界をもっと大きく拡げていくこと。そのために、コツコツやっていきます。応援よろしくお願いいたします」（SNSより、一部省略）

本当の親戚に頼れる人はいないが、応援団は頼れる親戚のようだという。これからも、何かあったら連絡するつもりだ。

3月、冬美さんは巣立って行った。

(5) アフリカから東京経由大阪　産後ケアはZｉｋｋａ

シンママ大阪応援団は、「大阪」とローカルな地名がつくものの、実際には多方面のシングルマザーからSOSが届く。ペルー、フィリピン、ブラジルなど国籍や文化も多様で、英語など複数言語が得意なママたちが寺内さんやほかのママとの会話を手助けする。応援団は、近年注目のD&I（ダイバーシティー&インクルージョン）を地で行く多文化・多国籍・多民族のコミュニティーだ。

そのなかで、Zikkaが、本当に日本の「実家」になった親子がいる。クリッとした大きな目が愛らしいZ君と、母のサマルさんだ。

道端で産み落とす不安

サマルさんは、北アフリカに位置するチュニジア出身。暴力と望まない結婚の恐怖から、2019年末、難民申請のためチュニジアから1人で来日したという。東京で交際していた男性の子どもを宿したが、男性は妊娠を知ったとたん、逃げを決めた。

サマルさんは寂しくて、怖くて、不安で。だが、国に戻れば、殺されると思った。そんなとき、大阪に住むチュニジア人の友人が呼び寄せてくれた。

当時、3カ月の在留資格しか認められていなかった。サマルさんの母語はアラビア語。英語は話せる。日本語はできない。助けを求めた区役所では、「(在留資格の関係で)何も受け入れてもらえなかった」ことに加え、友人の家族から家を出るよう迫られた。

どうすれば責任を持って無事に赤ちゃんを産めるのか。そればかりを考えたが、答えが出ない。道端で産み落とすことになるのではないか。のたれ死ぬんじゃないか。所持金も細っていく。食事は一日一食。夜も眠れなかった。

外務省や厚生労働省などから委託を受けて難民、避難民、難民認定申請者の支援を行う組織「難民事業本部（ＲＨＱ）」とつながり、別の大阪在住のチュニジア人の友人が家を探して1カ月分の家賃を払ってくれた。さらに、友人がインターネット検索で応援団を見つけ、翌年7月の終わりごろ、初めて寺内さんと出会った。

寺内さんは、サマルさんの第一印象について「すごく暗い顔で全然笑わない。40歳過ぎに見えた」と振り返る。サマルさんは、まだ25歳だった。

おなかはすでに大きい。出産まであと1カ月とみられたが、未受診だった。

初めてづくしの支援

事情を聴いた寺内さんにとって、支援しようにも内容が初めてづくしだった。応援団理事で保健師の亀岡照子さんと、外国人支援に詳しい応援団のサポーターにアドバイスをもらった。

在留資格が3カ月のため住民登録ができない。よって、様々な制度の申請ができない。ともかく日を空けず、サマルさんと役所へ同行。頼みは、通訳機のポケトークだ。

保健福祉センターで、母子健康手帳が交付された。母子保健法では、妊娠した人は速やかに市町村長に妊娠の届け出をし、市町村は届け出をした人に母子健康手帳を交付しなければならない。大阪市では交付対象を、大阪市内に住む妊婦、としている。手帳が交付されれば、すべての妊婦が安心・安全に出産できるよう、自己負担なしで基本的な妊婦健診を受けられる。厚生労働省の調査（2022年4月1日時点）では、1741の全市区町村が妊婦健診に助成をしている。

次に、保健福祉センターの奮闘で、妊婦健診とお産の医療機関が決定した。最初の健診には、応援団サポーターで英語が堪能な医師が同行。診察の場にも入ってもらった。寺内さんは「母子手帳は、母子の命を守るためにあることを実感しました。妊婦健診無料化は、大阪社保協の自治体キャラバンでの要望項目で、全国的な運動のなかで実現したもの。実際に使ってみて、本当に素晴らしい制度だと思った」と言う。

問題は出産費用だ。生活保護受給世帯や住民税非課税世帯など、経済的に困窮している場合、児童福祉法に基づき、指定の助産施設（病院）に入所でき、出産費用を援助する入院助産制度が使える。医療機関のケースワーカーから、在留資格に関係なく利用できると聞いていたが、区役所で「サマルさんはシンママ大阪応援団の支援を受けていて困っていない。助産制度は使えません」と言われたのだ。これに「ぶち切れた」寺内さんは、大阪市役所本庁の担当課に「この対応は正しいのですか」と問い合わせた。しばらくして、「使えます」と返答があった。

胎児はすでに推定2700グラム。さらに準備を急いだ。

英語を話せる応援団のシングルマザー、ミヤコさんも駆けつけ、今後のことを相談した。日本に来てから日本人のサポートをほとんど受けておらず、同胞ネットワークでなんとか乗り越えてきたサマルさん。しかし、出産した後にサポートしてくれる人はいない。いろんな専門家とつながりながら、「近所でちょっと面倒を見てくれるおばちゃんネットワーク」的なものが必要だった。

寺内さんは何度も健診に付き添ったのに、サマルさんの笑顔を見たことがないのが気がかりだった。ホッとして笑えるようにならなければ、おなかの赤ちゃんだってしんどいはずだ。イスラム教なので豚肉は食べられないが他は大丈夫だと聞き、スペシャルボックスを送ることにした。日本に来てよかったと思ってもらえるような、優しさあふれるサポートを心掛けた。

「very tired」 次々現れる壁

入院助産が確実になった2日後。サマルさんは救急車で運ばれた、帝王切開で出産した。10日間の入院中、「very tired（とても疲れた）」とLINEが何度も送られてきた。「水が欲しい」と頼まれ、寺内さんは2日に1回は面会に行った。

退院時から、いくつもの関門にぶつかる。一つ目は、医療費だ。出産した医療機関では、保険証のない外国人の診療価格を、全額負担の2倍に設定していた。通訳などで診療に倍の時間がかかるため、と説明を受けた。サマルさんは在留資格の関係で、公的医療保険に加入できず、無保険だった。帝王切開によって子どもに医療ケアが必要になった。退院時に約38万円を請求され、応援団がいったん払った。

次に、役所での手続きだ。退院したその足で、タクシーで区役所に同行し、出生届を出した。出生届を出せば、子どもに様々な公的制度利用やサポートを使う権利が発生する。出生届は産後2週間以内に出さなければならない。ひとりで産んだ母親が、新生児を抱えて距離の離れた役所に改めて向かうのは困難を伴う。寺内さんは区役所の中を産後の母親が移動せず、ワンストップで様々な申請ができる別室を用意してもらえるよう依頼した。だが、「特別扱いはできません」と即却下された。これが寺内さんの「2度目のぶち切れ」となる。「ポケトークで2倍の時間がかかる。産後の身体でカウンターでのやりとりは無理です」と交渉し、別室が用意された。出生届が受理され、Z君は住民登録できた。これによって、Z君は国民健康保険に加入でき、保険証が交付され、大阪市の子ども医療費助成で退院時に払った大半が返金された。

一難去ってまた一難。予防接種で一悶着あった。区役所は「サマルさんのケースでは受けられません」と言ってきたのだ。寺内さんは「日本弁護士連合会のホームページ〈パンフレット「非正規滞在外国人に対する行政サービス」〈nichibenren.or.jp〉〉には、在留資格にかかわらず予防接種を受けられるとありますが、日弁連がウソを書いているのでしょうか」と指摘。たたみかけるように、大阪市に意見を送った。後日、市から「間違っていました」と回答があった。

児童手当のほか、手間と時間はかかったが児童扶養手当も支給されるようになった。「ハンコ」問題に直面したが、「サマル」と彫られたハンコを寺内さんが用意した。「いろいろ区役所にはお願いしたけど、庁内連携をとって対応してくれた。行政には最初からきっちりと関わってもらう必要があります」と言う。

その後、サマルさんも6カ月の在留資格が取れ、住民登録できた。一つずつ壁を乗り越えてきた。しかし、生活保護は対象外のままだ。

言葉はいらない　産後ケア

産後は、授乳が待ち受けている。一般的に3時間おきと言われているが、子どもによる。間隔が短いと、ほぼ24時間授乳という感覚に陥ることもあり得る。そうなると母親は眠れない。心身ともに疲れ果てる。授乳に専念し、空いた時間に眠れるようにしてあげるには、産後ケア、特に家事支援が必須だ。

サマルさんが当時借りていた家はワンルームで、とても子育てできそうになかった。そこで、退院後から4カ月間、親子はZｉｋｋａで暮らした。寺内さんが寮母のように買い物、洗濯、調理などを担いながら、４カ月ともに過ごした。といっても、寺内さんはいつも通りの家事をしただけの感覚だ。日常生活にポケトークは不要だった。特別な言葉は使わない。「ご飯食べや」「風呂入りや」「行ってきます」

サマルさんはネットフリックスを楽しんだり、時折チュニジアの親族とアプリ通話したり。寺内さんがＺ君を預かる間、散歩に出かけ、Ｚｉｋｋａに時々遊びにくる女子高校生のセリさんと一緒に喫茶店に行って気分転換した。美容室に出かける姿は嬉しそうだった。

応援団の理事で保健師の亀岡照子さんは、退院した翌日のサマルさんにＺｉｋｋａで初めて会った。友人の助産師を連れていった。おっぱいケアをしてもらうためだったが、サマルさんの第一印象は「荒れてるなあ」だった。表情が暗く、赤ちゃんにあまり近づかなかった。

１カ月を過ぎたころ、変化が見えた。北アフリカ地域の主食「クスクス」を、サマルさんが亀岡さんに振る舞った。「食べて～」と何度も勧めてきて、表情が輝いていた。「夢は何？」と聞いてみたら、「クスクスを出せる飲食店を開きたい」と答えた。

38年間、大阪市で保健師をしていた亀岡さんが知る路上出産のケースは、１件だけ。路上出産の恐れをサマルさんが抱えていたことを知って、「どれだけ心細かったか。本当に出会えてよかった」と言う。

一方、居心地のよさから、なかなかＺｉｋｋａを出て行く気配のないサマルさんを見かねた寺内さんは、苦言を呈した。「自分で何かしないと、何も変わらないよ。ネットフリックスばかり見ているけど、あなたに必要なのは日本語の勉強よ」。お尻をたたかれた格好になったサマルさんは、Ｚｉｋｋａ暮らしを卒業した。

サマルさんは、寺内さんのことを「第二の母」という。「ずっとストレスと恐怖で、誰も信用できなかった。寺内さんがすべてを変えてくれた。私はもう一人ではないと安心し、心にゆとりができた」。４カ月を振り返り、サマルさんは応援してくれた人たちにメッセージを書いた。

（寺内さんは）毎日おいしい料理を作ってくれて、Ｚのお世話をしてくれて、産後を安心して過ごすことができました。私の大好きなチョコレートやケーキもたくさんのプレゼントもくれました。本当の母のようにしてくれました。私は人生で彼女に出会えたことは本当にラッキーでした。それからたくさんのシングルマザーたちとも出会い、彼女たちも色々と助けてくれ、彼女たちにも感謝しています。

私は、日本語を勉強することに決めました。これからたくさんの人たちと交流ができ、話すことができるように。

日本の人たちが大好きです。日本が大好きです。なので、これからもずっと日本で生活していけることを願っています。（一部抜粋。原文英語、翻訳ミヤコさん）

結婚？「仕方ない。いつでも逃げてこられるように」

サマルが結婚するから大阪を離れる――。

文化の違いかもしれないが、応援団関係者に理解できないことが続いた。例えば、日本で会社経営する同じアラビア語圏の年配男性と、同胞ネットワークで知り合い、その男性と結婚するというのだ。男性には結婚経験が複数回あり、高校生の子どもと同居している。サマルさんには毎日お小遣いをくれ、高級車を買ってくれたというのだ。

サマルさんは結婚を「Zのため」と言ったが、寺内さんらには「お金のことを心配しなくてもいいこと」が動機にみえた。応援団の誰もが、いい顔をしなかった。しかし、サマルさんの意思は固い。

寺内さんや亀岡さん、外国人支援に詳しいサポーターらは、「仕方ない。帰ってきたくなったら、いつでも逃げて来られるようにしてあげよう」と見守ることにした。恵美さんやミヤコさんは「サマルはまだ若いからなあ」と半分心配、半分幸せを祈りながら見送った。

時折、年配男性との同居生活について、愚痴のメッセージが応援団の面々に送られてきた。

数カ月後、親子は大阪に戻ってきた。誰も驚かなかった。みなで笑い飛ばし、Ｚｉｋｋａで一緒にご飯を食べた。

お礼のパーティー

サマルさんはZ君を保育園に預け、パートをしながら、難民事業本部の金銭的支援を受けて暮らす。公営住宅に入ることができた。

サマルさんは以前暮らしていた集合住宅で、ゴミの出し方を巡って近隣住民とトラブルになったことがある。Z君の泣き声で、近隣住民に通報され、警察がやってきたこともある。その都度、ストレスを抱えていた。

そんなサマルさんを慮って、公営住宅に暮らした経験がある恵美さんが「年配者が多い公営住宅は最初が肝心」と、自治会長と同じ階の住人へのあいさつに同行した。スペシャルボックス用に確保していた羊羹を手土産に、「ただの友達ですから」と自治会長に念押ししながら、恵美さんは自分の電話番号を知らせた。

サマルさんは入居祝いとZ君の3歳の誕生日パーティーに、寺内さんや亀岡さん、シンママ友らを自宅に招き、チュニジア料理を振る舞った。全部自分で作った。亀岡さんが材料費を負担しようとすると、「いらない」と断った。

何かと話題提供をしてくれるサマルさんは、応援団内で「メンタルが強い」と評判だ。通報されて不安になりZikkaに駆け込んだと思えば、スペシャルボックスの品を一人でできるだけたくさん確保しようとして注意され、へそを曲げる。怒って帰ったくせに、次に会ったときはケロッとしている。寺内さんは「倒れるまで我慢している日本のママたちに、すぐ助けを求めるサマルの爪の垢を煎じて飲んで欲しい」と笑う。

みんなでよってたかって、「応援団の愛されキャラ」の応援は続く。

(6)「悲しみのオーラ」から「血のにじむ努力」へ

夏、地下鉄の改札前。シンママ大阪応援団への相談メールの主と初めて会う約束をしていた寺内さんは、遠く離れた階段から降りてくる女性を見て、すぐにその人だと分かった。

「悲しみのオーラが見えたから」

小学生の子ども2人を育てるシングルマザーのカオルさん(41歳)。2時間、カフェでコーヒーを飲みながら、寺内さんと話をした。最後にぽろぽろと涙を流した。

「こんなに私の話をちゃんと聞いてもらったのは、初めてです」

義父「出て行け。生活保護で食べていけ」

カオルさんは、夫と子ども2人の4人家族だった。専業主婦で、社宅で暮らしていた。

数年前、夫が心の病にかかり、仕事を辞めないといけないと聞かされた。それでも、カオルさんは結婚生活を続けられると思ったし、子どもが大きくなるまでは一緒にいたほうがいいと考えていた。別れて、子どもを転校させることにも気後れした。

しかし、義父に「出て行け。息子から金は取れない。生活保護で食べていけ」と告げられた。カオルさんは実家に戻り、別居をスタートさせた。夫側から振り込まれる生活費は月10万円。1、2回で途切れた。離婚が成立していないので、児童扶養手当は支給されない。ハローワークに足を運び、求人を見た。正社員、残業込みで最大月15万~16万円。子ども2人を食べさせていけるかどうか、不安になった。

インターネットでシンママ大阪応援団を見つけた。ホームページがしっかりしていたのが好印象だった。「生活保護を受けたい」と連絡した。翌朝、「最低生活費を計算すると、だいたいこのくらいもらえます。申請しますか？」と返事が帰ってきた。

それまでいろんな人に相談してきたが、その応答のほとんどが、「フワフワしていた」と言う。例えば、「頑張って」「ハローワークいってみたら？」などだ。「具体的にこうしましょう、一緒にやりましょう、というのが応援団にはあった。疲弊した私には入りやすかったし、動きやすかった」。わらにもすがる思いで、寺内さんとの待ち合わせ場所に向かった。

相談後、まずはスペシャルボックスを送ってもらうことになった。翌週には、生活保護申請に同行してもらった。

ところが、市役所の担当者から「自宅をチェックしにいく」と聞かされた。また、亡くなった実父が所有していた実家が財産にあたる、といったようなことを言われた。

元夫は自殺した。実は仕事を辞めていないことが分かった。さらに、お金を隠していた。財産分与を巡り、元夫の父親から長文の手紙が届く。「離婚したのにみっともない」とカオルさんを責める内容だった。つらすぎて、この頃の記憶が、ところどころ欠けている。

高等職業訓練促進給付金を利用

結局、生活保護は受けられなかったが、幼なじみがSNSに白衣の写真を載せているのを見つけ、関心を持った。「彼女もシングルマザーなのに、どうしているんだろう」

月10万円の給付を受けながら職業訓練する、ひとり親向けの高等職業訓練促進給付金を使ったという。ひとり親が資格取得を目指して学校に通っている期間、生活費を支援する国の制度だ。期間中は月10万円（最長48カ月）で、最後の1年間は4万円増額される。修了後は5万円支給される。

支給対象は、児童扶養手当の支給を受けているか、同等の所得水準（子ども1人の場合、年収365万円）の人で、6カ月以上養成機関で修業し、資格の取得などが見込まれる人。対象資格は看護師、准看護師、保育士、介護福祉士、理学療法士、作業療法士、製菓衛生師、調理師などだ。カオルさんは、この給付金を使って看護師を目指した。学費は、日本学生支援機構から借りた。自分のバイト代は塾代にあてた。塾と自宅で勉強した。

スペシャルボックス「心に灯りがともる」

1人で子育てをしながら学ぶ3年間、しんどかった。学校の同学年で、シングルマザーはごくわずか。ほとんどが独身で、子育てや養育費の話を共有できない。

そうした中、月末にスペシャルボックスが届くと、「心に灯りがともります」と寺内さんにLINEを入れるのが習慣になった。マスクが欲しいといったらマスクが入っていたし、白衣の話をしたら、白いストッキングが入っていた。「孤独な子育てではないんだと感じた」

寺内さんは「彼女はぶれなかった。血のにじむ努力という言葉がぴったりの人」と言う。カオルさんは子どものころ、看護師にあこがれていたこともあった。結婚当時、看護師資格を取ってみたいと夫に相談したことがある。「オレの収入で食べていける。暇なら、習い事したら」。そんな返事だった。

まだまだ寒い3月、国家試験合格を手に入れた。

離婚あるある、笑って話せる場

スペシャルボックスに支えられたカオルさんだが、寺内さんに初めて会う前、実はＳＮＳで寺内さんについて下調べしたという。「どんな人か分からず、怖かった。何か勧誘されるんじゃないかとも思ったけど、『今日と明日のことを考えています』と書かれていた言葉にぐっときました」

Ｚｉｋｋａでのママたちとのご飯の時間には、いい意味で圧倒されている。「離婚あるある」を、お酒を飲みながら、傷をさらして笑いに転換しているからだ。応援団以外のママ友にはできない話ばかり。「他の人の元夫のクズぶりがすごい。うちの元夫はとんでもないクズだと思っていたけど、上には上がいる。ママたちはみんな、軽快。落ち込むんじゃなくてパワーをもらえる。なんとかやっていけるんだなって思える。私にも笑い飛ばす強さが欲しい」

ちょっとした相談もしやすくなった。毎年、娘と一緒にバレンタインのチョコをつくっていた日が、ちょうど国家試験の日にあたり、「今年は作られへん」と伝えたら、娘が泣き出した。寺内さんの提案で、Ｚｉｋｋａお泊まりの常連さん、ミヤコさんの娘（小学生）のお気に入りコース（銭湯→回転ずし→宿泊）の翌日、チョコづくりをセッティングされた。

カオルさんは寺内さんと初めて会ったころ、視界にフィルターがかかったような日々だった。生活保護の相談に行った市役所からの帰り道、空が紫色に見えた。自転車でこのまま車に飛び込む自分を想像した。離婚調停をしながら、見通しのつかない生活不安で眠れず、薬を飲んでいた。

今は全く違う景色が見える。

寺内さんは、「(カオルさんのように)やりきったママがいることは、他のママたちにとってもすごく影響が大きい」と言う。これからの人生、どうとでもつくっていけるのだ、と。

コラム

「子ども」からみた応援団

シンママ大阪応援団は、「ママ直接支援・子ども間接支援」が大きな柱だ。間接とはいえ、子どもたちはスペシャルボックスの手伝いやZｉｋｋａのご飯、季節のイベントに参加している。「子ども」側は何を感じ取っているのだろうか。語りに耳を傾けたい。

2週間ショートステイ、家から離れて穏やかに

○中学1年、ダンさん（13歳）
母と不登校の兄との3人暮らし

5歳の時からシンママ大阪応援団に来てます。寺内さんのご飯がおいしくて、私も料理がしたいと思うようになって、小2のころからおはぎとか食パンとか作ってます。最近は部活で忙しくて、あまりやってない。

月1回、スペシャルボックスの作業日にも参加してる。ボランティアの大学生と話すのが楽しい。ふれあいの場になってる。よくしゃべるのは3〜4人くらい。私が好きなゲームの話とか。友達感覚です。あとは、いろんな年代の子どもと仲良くできるのもいい。この前は1歳の子がスペシャルボックスの日に来てた。

私はいま反抗期で、母とバチバチ。だからZｉｋｋａに2週間泊まらせてもらって、ここか

ら学校に通ってます。お母さんが私とバチバチなことを寺内さんに愚痴ってたみたいで、「じゃあZikkaにショートステイしたら?」って提案してもらった。お母さんも助かってるみたい。

家よりこっち(Zikka)の方がいい。家だと15分に1回、お母さんの小言。はよ寝なさい、はよしなさい、本棚片付けなさいとか。動画見てたら、そろそろ勉強しいやとか。分かってるけどいちいち言わんでええわ。一つ一つ、うっとうしい。母はきれい好きなんです。小学生の時は素直に言うこと聞いてたけど……。

お兄ちゃんともすぐバチバチ。私が寝てる時にうるさいから、「静かにして!」って言ったら、私のイルカの抱き枕をハサミで切って、中の綿を出した。許せん。今まで耐えてきたけど、どんだけオレ様やねん。中学生になって、ぶっ倒したいと思った。

今までは、お母さん対お兄ちゃんの口げんかや、取っ組み合いを私が止めてた。今はお母さんが私とお兄ちゃんのケンカの間に入ってくる。「関係ないやろ!」ってなってバチバチ。私は口達者で、兄は力で対抗してくる。お母さんは時と場合によって、敵だったり味方だったりする。

私は学校の成績は結構いい。先生にも「よくできますね」って言われた。優等生らしく振る舞ってるつもり。家では勉強してない。自分の部屋がないし、(兄の)ゲームの音がうるさいし、場所を取られるし、集中できへん。塾の自習室で勉強してる。

Zikkaのショートステイでお母さんと離れて、穏やかになった気がする。心に余裕ができた。めちゃ助かりました。もうすぐ寺内さんが泊まりがけの旅行にいくので、私は家に戻らないといけなくて、ちょっと不安です。

お母さんのみそ汁はおいしいです。毎年Zi

kkaで手作りするみそを使っています。お米はお兄ちゃんが炊いてくれます。

寺内さんから一言「ダンちゃんが応援団に来始めたころ、『○○ちゃんばっかり!』と他の子への不満が多かった。Zikkaではお菓子もご飯も食べ放題ですから、おなかが満たされるようになると、ダンちゃんは小さい子に譲るようになりました。ママの苦労をみている子は小さい時はいい子でいますが、思春期に自分の心に正直になってバランスをとる。高校生になると落ち着いていきます」

食べさせてくれる　やっぱありがたい

○高校1年、セリさん(15歳)

母子生活支援施設の2Kの部屋で、パート勤めの母ときょうだいの3人暮らし

食料をもらえるのがありがたい。ちょっと高めの調味料とか。ケチャップは、ママが「安い日にしか買ったらあかん」って言うし、ごま油も高くて買えない。Zikkaはお菓子も取り放題。米も助かる。

中学に入ってから月1回、一人でZikkaに泊まりに来る。初めて泊まった晩、「外国っぽい料理を食べたい」って寺内さんにリクエストしたら、オープンサンドとポタージュスープが出てきた。わざわざ百貨店までパンを買いにいってくれた。朝ご飯もおいしい。ケーキもあって、家では食べられないので嬉しい。冬美ちゃん(47ページ)と話すのも楽しかった。

泊まりの時に、普段とはランクが違うおいし

い回転ずしに連れて行ってもらうのも楽しみ。好きなだけ遠慮せんでいいよって言ってもらえる。家族で行くと、1皿ずつ、「ママ、これ取っていい？」と許可を取る。1貫しか乗ってないのに数百円となると、「あんた、ちょっと」みたいな感じになる。皿の高さで会計が気になって、このへんで止めておこうと思う。

うちの家には一つもない要素が、Ｚｉｋｋａには全部そろってる。寝るときは静かで、開放感があってよく寝られるし、風呂もゆっくり入れる。施設の風呂は、出る時の掃除込みで一家庭45分間と決まっている。３人だと1人15分。施設の人には「前はもっと短かったから感謝して」って言われた。30分の時代もあったらしい。施設の指導員さんは優しいですよ。施設の部屋では、母は腰が痛いからって布団で寝てるけど、私らは雑魚寝。布団はあるけど、敷くスペースがない。原因は、ママが嫁入り道具だったタンスを持ってきたから。若い時に買った、着られないけど高い服とか入ってる。勉強机はない。でも、小学生の時から7年も住んでいるので、適応能力がつく。市営住宅に応募しているけど、当たらない。

応援団があまりに尽くしてくれる。そこまでいいんですか？みたいな。例えばコロナ前、京都旅行に参加して、暑いからということで京都駅からタクシー。タクシーに乗っていいんやって思った。タクシーに乗るなんてありえへんし。朝ご飯は、宿の近くの小さいカフェみたいなところで、「パン買っていいよ」って千円札を渡されて、衝撃。そういう団体と関わったことなかったから。

父は公務員で、以前は４ＬＤＫの家に住んでて、お金はあったと思う。父は「女に学はいらん」と言う人やった。私たちが家を出たのは私が小学校低学年のころで、友達家族と遊びに行った日だったのに、家のドアがロックされてびっくりした。警察が「逃げてください」って。ママが前から警察に相談してたみたい。その後、独り暮らししているおばあちゃんの家に行ったけど、家狭いし病気やし、母子生活支援施設へ移った。

母は片付けや料理がほとんどできず、以前は父が料理していた。いまは私がする。学童の先生に「セリちゃん、お弁当、茶色くない？　教えてあげるから自分で作り」って言われて、先生に教えてもらってから自分で作るようになった。

うちの家は、ないものづくし。ママに言っても効き目がない。ただ、前は家が広くてお金あったけど、今の方が幸せ。ママがシングルマザーじゃなかったらここにいないし。そういう意味で、パパ嫌いやけどありがとう。

ここは食べさせてくれるのが、やっぱありがたいです。何もしなくても食べ物が出てくる。それに、みんな優しい。人の温かさを感じる。たくさんのものを見られる。顔は知らないけど、うちらのこと思ってくれてメッセージまでくれるってすごいと思う。そういう集まりが周りにあまりなくて、ここにきてコミュニティーが一気に広まった感じ。勉強好きなママが応援団の講座に参加して、つながった。ママが社交的でよかったと思う。

寺内さんから一言　「セリちゃんが応援団に来るようになって3年くらい。Ｚｉｋｋａでは、いつも寝転んでますね。セリちゃんのために、Ｗｉ－Ｆｉを導入しました。スペシャルボックスのお菓子係の責任者をしてくれて、年下の子どもたちを仕切ってます。スペシャルボックスで、セリちゃんは変化した。父親の嫌だった言動を、急に話し始めました」

「遠慮せず楽しむ」ことを勉強

○元ソーシャルワーカー、愛さん（29歳）
母子家庭出身、就職して独立、ボランティアで参加

大学で社会福祉を学んでいました。たまたまSNSに流れてきたシングルマザー支援者養成講座の案内を発見して、参加したのが応援団との接点です。ひとり暮らしの私にスペシャルボックスを送ってくれるようになりました。

ボランティアとしても関わるようになりました。ママたちに子どもの気持ちを代弁することがありますが、ママとも子どもとも絶妙な距離感というか、子どもたちにとっては話をしなくても何かいつもいるお姉さん的な人という感じでしょうか。

私が小学生のとき、親が離婚しました。食べることに困ったことはありません。母は夜勤でも絶対に晩ご飯を作ってくれた。友達の親には「お母さん、仕事頑張ってるね、偉いね」と褒められた。一方、母は、娯楽を悪だと見なしたり、一つ一つお金を使うことに罪悪感を抱かせる発言をしたりする人でした。楽しく遊びにいった記憶がありません。

母が正しい人だと思っていましたから、私には母の外部評価を守る意識があって、私の行動指針は「母に負担をかけたらいけない」だったんです。大学で社会福祉を学んでいく中で、母との関係性を見直すことになりました。世の中ほとんどグレーなのに、自分自身に「白黒思考」が強すぎる。「達成できないと、ゼロと同じ」という考えに支配される。

数年前、職場で「できない」と言えなくて業

Zikkaで大豆を煮込んでアクをとり、
みそ作りに挑戦する愛さん

務量が過多になり、土日も仕事のことで頭がいっぱいで、寝ても寝ても眠い。寺内さんに「仕事を休めないのはどこに相談したらいいでしょうか」とメッセージを送ったんです。寺内さんは宴会中だったみたいですが、すぐに心療内科に行くようアドバイスをくれました。

　1カ月休みを取るよう診断書が出ました。「休んだ方がいいのは事実ですが、今なのかなあと思います」と寺内さんに報告したら、「今でしょ！」と突っ込まれて。いろいろと人を紹介してもらって、休職し、最終的に退職しました。

　スペシャルボックスのおかげもあって、徐々に元気になってきた。Ｚｉｋｋａでみそ作りをしたり、ボックス発送に来たり。「遠慮せず楽しむ」ということを勉強させてもらいました。

　振り返れば、母以外の大人と出会う経験が欲しかったと思います。母の姿だけが正解じゃないということ。応援団のなかで親中心に生きている子がいたら、「こんな風に生きている人もいる」「過去に何やらあったみたいだけど、今は元気にやっている人」を見せられたらいいかな。私も絶えず変化していますので。

寺内さんから一言

「愛さんは、真面目で勉強も仕事もできる。でも、目を離したらアカンのとちゃうかと感じました。だから、つながった方がいいと思って、スペシャルボックスを送りました。応援団的にも子どもには若いお姉さんが必要なので、いて欲しかった。愛さんは子どもの気持ちを代弁してくれる大事な人です」

第2章　独りぼっちにさせない

(1)「人間性回復」の取り組み　応援団の始まりといま

一般社団法人シンママ大阪応援団は、大阪を中心とするシングルマザー世帯に毎月、スペシャルボックスと名付けた食料・日用品の支援や、親族との関係が薄い母子世帯が一緒にご飯を食べながらおしゃべりできる拠点「Ｚｉｋｋａ（実家）」（集合住宅の一室）を運営している民間団体だ。個人や団体からの寄付、各種助成金を支えにしている。

相談者の多くはネット検索で応援団を見つけ、メールを送ってくる。

特徴は、毎月200世帯に送るスペシャルボックスが、世帯ごとに細かくカスタマイズされているということ。重要なのは、何が入っているかだ。家族の人数や年齢、世帯メンバーの好物や誕生日、子どもの学校で必要になりそうなもの、家族からのリクエストを考慮し、シンママ自身や学生ボランティアらが詰めて、宅配される。

弁護士や医師、学校教員、精神保健福祉士、保健師、僧侶など、その道のプロとのネットワークと、個人サポーターを軸に、日常生活支援、法的対応、居場所、仕事づくり、住まい支援、サポーター養成講座、ママのための講座などの活動を支える。

きっかけは「風俗で働けと言われ……」

応援団誕生のきっかけは、2014年に弁護士らが生活保護にまつわるホットラインを設けた際、寺内さんが相談員として加わったことだ。偶然取った電話が、シングルマザーからだった。赤ちゃん連れで夫のDVから逃げて暮らしていた。生活保護申請に役所へ何度行っても、受け付けてもらえないうえ、窓口職員に「風俗で働いたらいいのでは」と言われたという。その電話相談者から、「私みたいな人いっぱいいますよ」と言われた。

寺内さんが事務局長を務める大阪社会保障推進協議会（大阪社保協）は、医療や国民健康保険、介護保険などの社会保障や労働問題を扱う団体や個人が集まって共同で運動を進める組織だ。

介護保険など高齢者に力点を置いた社会保障制度の改善運動をしてきた。２００８年に、親の国保料滞納によって保険証を取り上げられる「子どもの無保険」問題に取り組んだことを機に、「子ども」に関わり始めたが、あくまで国保の枠組みから見ていた。また、「子ども」が当事者として運動に参加してくることはほぼない。

「子ども」の育ちの権利保障が手薄だった、と気付いた。

立ち上げたサイト　来ない相談

翌年5月、ウェブサイトを立ち上げた。「最近のママたちはひとり親のことを、シンママと言う」と知り合いから聞き、検索したらすぐにヒットするよう「シンママ大阪応援団」にした。当初は単なるサイトの名前だった。

秋まで全く相談が来ない。初の相談メールも、寺内さんが以前ボランティアで出入りしていた別の支援団体で知り合ったシングルマザーからだった。「足を骨折した」という内容だった。寺内さんは「買い物が大変ね」と返信。すると「(心配してくれて)嬉しいです」と返答があった。続けて、「実は給料日前で米も食べられない」と明かされた。

後日談だが、この話を寺内さんが別のシングルマザーに話したら、「(給料日前は)みんなそうですよ」と言われた。食べ物に窮すること自体、まったく想像できなかった。別のママからは「預金が1000円を切ったらATMで下ろせない」と聞かされた。初耳だった。
「寺内さん、幸せですね。みんな知ってますよ」
乾いた言葉が返ってきた。

制度紹介では解決しない

相談がくれば、制度の紹介や他の団体につなげたらいいという当初の想定は、ひっくり返された。どれも単純な内容ではなかった。離婚をしたくてもすぐにできない、借金を抱えている――。多くは、すでに公的機関に相談したことのある人だった。

相談者に直接会わないといけない。寺内さんはそう考え、趣味の着物を着て、駅で待ち合わせ、着物を目印に相談者に見つけてもらって落ち合い、話を聞くことを繰り返した。

関西に住む女性（44歳）は小さな子ども2人を連れ、夫の暴力から逃げるため、実家に避難していた。所持金がほとんどなく、パートに出たが収入は月3万〜4万円。親子3人で暮らすため、生活保護相談に役所へ行くと、「立ちゆかなくなったら来てください」と帰された。

あちこちの相談窓口に電話をかけたが、「離婚すれば支援が受けられる」など「通り一遍の制度の説明ばかり」で離婚手続きが進まない。苦しくて相談しているのに、突破口が見つけられなかった。

インターネット検索で応援団を見つけ、メールを送った。直接寺内さんと会った後、寺内さん経由で支援団体に生活保護申請に付き添ってもらった。離婚も成立し、児童扶養手当が出るようになった。

夫の借金と離婚に悩んだ別の女性は、寺内さん経由で借金整理の専門家に相談。借金に苦しむ家族会を紹介してもらった。

大学生の娘の奨学金について相談してきた女性(48歳)はうつ病で働けず、困窮していた。「まずお母さんの生活を立て直しましょう」と寺内さんに促され、一緒に役所に行って支援を求め、女性は生活保護を受けるようになった。

ほとんどがDV

応援団に寄せられる離婚相談の多くは、夫やパートナーからのDVだ。DVは相手を支配する手段だ。殴る蹴るの暴力以外にも、言葉や金が使われる。「ダメな奴だからしつけている」と3時間正座で説教される。生活費を渡されなかったり、1週間分だけ渡され家計簿を提出させられたりといった経済的DVもある。

頭髪を奇抜な色に染められ、外出できないようにさせられたり、友人関係を制限されたりするケースもあった。毎年妊娠させられるのも性的DVだという。妊娠している間は女性が自由になれない。

相談者のうち養育費をもらっている人は1割もいない。友人宅に居候しても、友人が生活費の面倒をみてくれるわけではない。

応援団が関わるシンママのほぼ全員が働いているが、子育てをしながらでは時間帯に制約が生じたり経験不足だったりして、パートなどの不安定雇用だ。子どもが小さいためフルタイムで働けない場合もある。カバーしてくれそうな頼れる身内も、ほとんどいない。

スペシャルボックス、支援の入り口

寺内さんは、米を送れば喜ばれると考え、2016年11月、つながった6世帯に送った。応援団と相談者を結ぶものは、「スペシャルボックスが欲しい」というメールで始まる。サポートの入り口になる。月1回の支援で、その世帯が抱える問題が解決するわけではないが、毎月、欲しいと思っているものが入っている。「私は忘れられていない」と励みになり、「頼みの綱」になる。だから、必要なものがあるとき、困ったことが起きたとき、応援団にSOSを送ることができる。

箱を送るときは一手間かける。開けた時に心が温かくなるよう、彩りを工夫し、お菓子やスイーツなどを見えやすいところに配置する。送付状には、母親だけではなく子どもの名前も記す。実家との縁がほとんどない家庭の場合、クリスマスや誕生日に、祖父母からプレゼントが届かないことが容易に想像できる。定期的に自分の名前でくる届け物が、子どもたちにとっての楽しみになっている。

また、スペシャルボックスの作業は、ママたちがお互いに打ち解ける機会になっている。作業は要領よくやる場ではない。作業をしながらのおしゃべりが、共感の場へと変わっていく。ママたちが、送り先の家庭のことを想像しながら「おもちゃと絵本をスペシャルボックスに入れました」と嬉しそうに報告する。やっている人が幸せになっていく。活動が人を元気にす

子どもたちに大人気のキャラクター「ちいかわ」など、可愛いものを目立つところに詰める

スペシャルボックスの箱詰め作業をするボランティアの大学生ら

スペシャルボックスの箱詰め作業の後、寺内さん手作りのちらしずしで体力回復

る。だからスペシャルボックスの作業日は、ママたちを誘うのだ。

回数を重ね、寺内さんは連絡調整役に徹し、作業の中心は「ママ&サポーター」チームに移った。自転し始めたのだ。

作業後の空腹は、寺内さんの手作り料理で満たす。

Zikka、母子家庭の「保健室」

しんどくなった時、おなかがすいた時、眠い時、誰かとケンカした時、勉強以外の話を聞いてもらいたい時、学校なら保健室が受け止めてくれることがある。Zikkaは、シングルマザーの保健室のような場所だ。

ご飯会や誕生日祝い、季節のイベントなどを開く以外に、産後ケアや若年女性の緊急一時宿泊、思春期の親公認「家出先」といったシェルター的な役割もある。

大きめのテーブルで大皿メニューをつつきながら、酒を飲み、おしゃべりする。寺内さんはその輪には基本、入らない。

別の部屋では、子どもたちが寝っ転がってゲームをしたり漫画を読んだり、動画を見たりして、おのおのくつろぐ。母子生活支援施設に長く入所している家族は、Zikkaの風呂にゆっくり入って帰宅する。施設では、入浴時間に制限があったり、入浴の度に利用料を払う必要があったりするためだ。

一緒にご飯を作りながら、食べながら、の空間と時間が、なんなく自分のことを語り出すきっかけになる。「ああ、分かる、分かる」と共感が広がる。

「助けて」のタイミングで、実際に動いてくれる「人」

困った時に本当に力になってくれる相談機関はどのくらいあるだろうか。「アドバイスもらったって、動けないわけです。ママが求めているのは、逃げる場所、一緒に行動してくれる人、資金、食料や家財道具、そして社会保障制度です」と寺内さんは言う。

応援団に、夫からの経済的DVを受けている女性からメールがあった。頼れる親族はいないという。寺内さんは「今日、ご飯ある？」とたずね、まずスペシャルボックスを送った。次に最寄り駅で待ち合わせ、話を聞いた。応援団仲間が所有する部屋に逃げる選択肢もあることを提示した。本人が逃げたいと意思表示したため、交通費を渡した。

しかし、夫が感付いた。「僕が家を出るから」と女性を揺さぶり始めた。その間、寺内さんらが「そんなのウソだよ」と伝え続ける。3カ月かかったが、女性は逃げた。夫にお金を抜かれて交通費がなかったが、女性と応援団メンバーでLINEグループをつくって、タクシーで来てもらい、寺内さんが降車場所で待機し、料金を払った。寺内さんは「あのお母さんがえらいのは、ちゃんと逃げてきたこと」と言う。逃げてきたと同時に、生活保護申請に同行した。

国や自治体が相談機能の強化を進めるために予算をつけても、相談を受けたあと具体的に伴走できるところまでを視野に入れた仕組みでなければ、救われない。

聞いても変わらぬ過去　人間性回復の取り組み

寺内さんは、活動を「何にも聞かない、言わないサポート」と表現する。

SOSを寄せてくるのは、ほとんどがDV被害者。性暴力も少なくなく、自分自身を責めている。詳細を聞き出したりはせず、女性たちが自ら話せば、聞くだけ。そして、月1回食料を届け、季節のイベントや食事会を開く。「大事なのは安心安全。説教はいらない。過去は聞いても変わらない。ならば、独りぼっちにさせないこと、今日明日どうするかが大事」

その基本がご飯だ。「大丈夫?」より「ご飯一緒に食べへん?」と声をかける。スペシャルボックスは本人が卒業宣言するまで送り続ける。

「(次どうするかを)聞かれないから、安心感を持ってもらっていると思う」

応援団理事で保健師の亀岡照子さんは、「相談者が自分から話し出すまで根掘り葉掘り聞き出さない。これが寺内さんの一番すごいところ」と言う。

長年、大阪市の保健師として働いた経験を振り返り、役所は聞かなければならないことが多すぎたという。例えば生活保護の申請時には、過去から現在までの経緯を聞く。聞かざるを得ないのだ。しかし、「とりあえず聴取する」は、応援団にはない。

一方、必要なものについては、当事者の声を聞く。このことも、平等重視の役所にはハードルが高いのだという。例えば、応援団にとって、「あのママはビールが好きだから、スペシャルボックスに入れてあげよう」は特別扱いではない。ニーズに合わせた支援になるのだ。

また、「即支援」が信頼につながる。別の支援団体で相談員をしている亀岡さんが、応援団に相談ケースをつないで対応を頼むと、すぐに食料を送ってくれる。柔軟な団体はそれほど多くないという。

困っている人がいれば、その地域に住む応援団のサポーターにつなぎ、それぞれができることをする。頼まれた方は自分のスキルが役に立つのが楽しい。支援される側とする側の垣根を低くする。そのプロセスで、下を向きがちだった女性たちが顔を上げていくという。

亀岡さんは「シンママ大阪応援団がやっていることは、人間性を回復する取り組み。だから、たくさんの人が応援するのだと思う」と話す。

コラム

傷つく支援に「NO!」 可哀想認定を拒む

「可哀想だから支援する」「自分がやりたいサポートをしたい」

こうした「支援」のあり方を、寺内さんは「傷つく支援」と呼ぶ。例えば、「3人の子どもに使ったチャイルドシートやバギーを捨てるんですけど、いりませんか?」といった電話が入る。寺内さんは「新品、もしくはきれいなものしか受け付けません」ときっぱり断る。

「押し入れを整理したら出てきました。古いですが使っていません。よかったらお使いください」と手紙が入った段ボールが届く。実際、かびたもの、ホコリだらけのもの、封のあいたオムツなどが送られてくる。「もったいないと思うならご自分でお使いください。心を傷つけるようなものは送らないで」。寺内さんはSNSやサポーター通信で徹底的にあらがう。

東日本大震災で東北から関西へ移ってきた母親から聞かされた話が忘れられないという。「あなた可哀想に見えない、と言われたんです」

被災者を支援するNPO法人からパソコンの支援を受けた高校生が、箱を開けたとたん、がっかりした顔になったこともあった。シールがべたべたに貼られた中古パソコンが入っていた。その母親は「タダなんだから文句言うな」という圧力を感じたという。

応援団でも過去、苦い経験がある。米の支援をしてきた男性が「感謝祭」を企画したことがあった。企画内容は、ママたちが男性に感謝の

気持ちを表現する「感謝祭」だった。寺内さんは男性が送ってきた物資を食べたことがなかっ

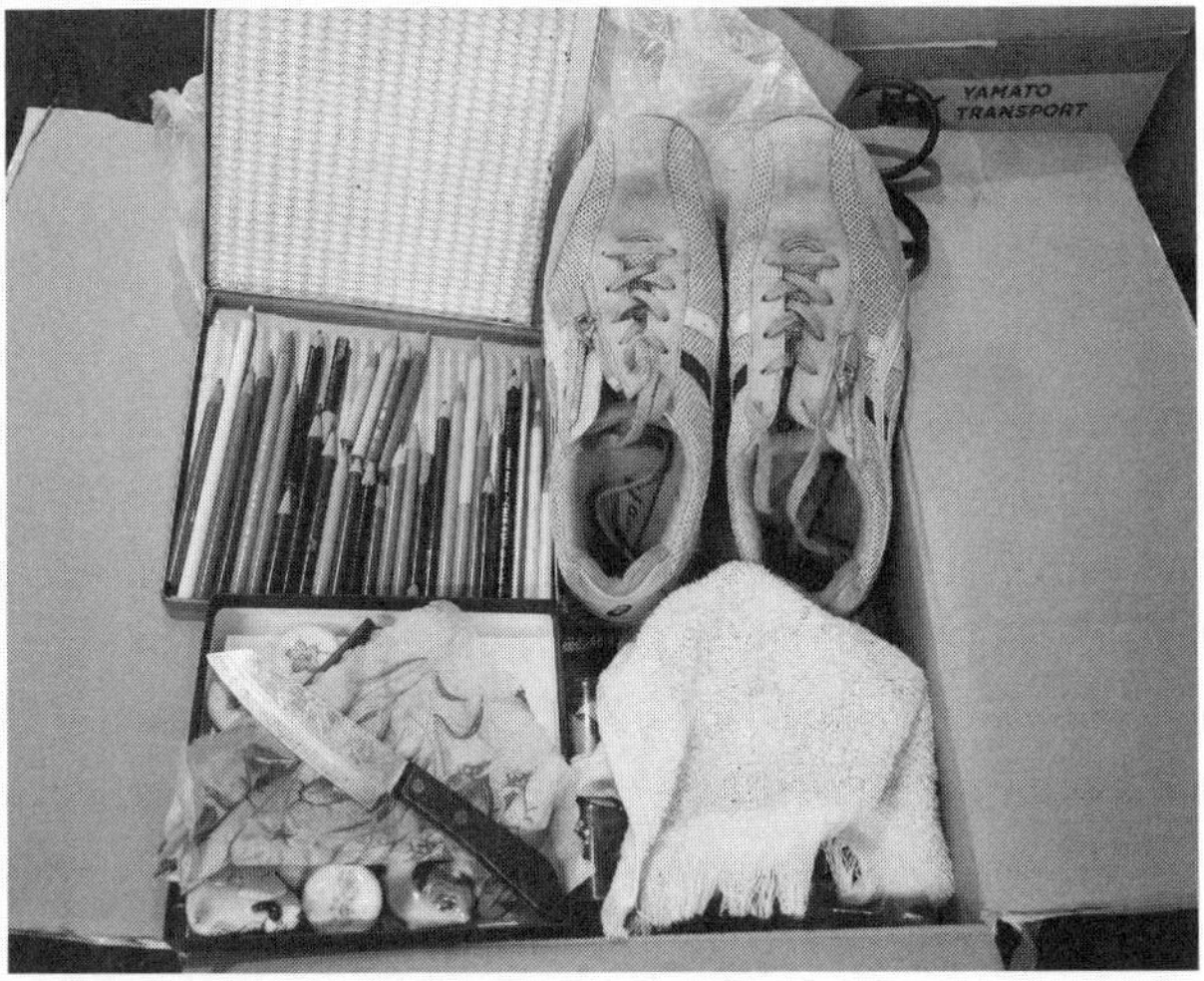

汚れた靴や黄ばんだタオルなどが「支援物資」として送られてきた

たため後で知ったことだが、ママたちが「おにぎりが作れない米」と表現していた。

震災に限らず、犯罪被害者や貧困に苦しむ人が、笑みをこぼしたり、清潔感ある格好をしたりすると、他者が一方的に思い描いている被害者像、貧困像に当てはまらないという理由で、尊厳を傷つける言葉や態度を示されることがある。しかし、ママたちは立場の弱さから、我慢して言わない。

以来、いい物、きれいな物、可愛い物を送るのが、応援団の方針になった。おさがりの靴しか履いたことのない子どもたちが、自分のために送られてきた新しい靴をどんなに喜ぶか、ママたちから詳細な報告が届く。ママたちは喜ぶ子どもたちの姿を見て、幸せを感じる。シンママ大阪応援団のスペシャルボックスは、「受け取って幸せを感じるもの、元気が出るものにしたい」という強い思いがある。

（2）「全部、地べた」 土台は30年以上の社会保障運動

シンママ大阪応援団の支援ネットワークには、代表理事の寺内順子さんの職務による長年の土台があった。

制度拡充を求め、1991年から

寺内さんは1990年、保険医療の充実改善を目指す開業医や勤務医の自主団体「大阪府保険医協会」の採用試験を受け、翌年4月に本格稼働した「大阪社会保障推進協議会」の専従職員として、社会保障制度の改善運動に関わり始めた。ワープロ（当時はNECの「文豪」）を使いこなせるようになることがスタートだった。

社保協は、保険医協会や大阪民主医療機関連合会（大阪民医連）、大阪府歯科保険医協会、大阪教職員組合、大阪自治体労働組合総連合（大阪自治労連）などのほか、個人の会員で構成される。社会保障を推進するため、1991年から30年以上、大阪府内のすべての自治体を訪問し、各市町村に対し、医療・福祉・介護など社会保障の拡充を要請するキャラバンを実施している。人事、教育、福祉、公衆衛生、国民健康保険と多岐にわたる自治体側の部長や課長らが一同に

並び、社保協側と懇談する。その輪の中に、寺内さんがいる。

事務局長の寺内さんは、毎年度当初、就学援助や学校給食の実施状況、医療費助成や子どもの貧困対策などの子ども関連、国保、介護保険、障害者関係、生活保護の各データを、全市町村にアンケートする。それをもとに、全自治体のデータを一覧化した冊子と、自治体への要望書を作成して、キャラバンで各施策について話し合うのだ。

近年の要望項目を例に挙げると、ヤングケアラー実態調査の実施と相談体制の整備、学校給食無償化、公営住宅の空き家を若者やシングルマザーなど行き場がない人の支援に取り組んでいる団体に無料で貸し出すこと、自治体の正規職員増、外国語対応可能な職員配置、女性の生活保護受給者宅へのケースワーカー訪問は必ず女性であること、自治体作成の生活保護のしおりは権利性を明記すること、などがある。

応援団の事例ぶつけて改善要求

シンママ大阪応援団を立ち上げた大阪社保協は、応援団の具体的なサポートや不適切な行政対応の事例を携えて、キャラバンで直接要望できる立場にある。子どもや外国人は当事者として声を上げづらいが、その両輪を生かして活動の中で正していく。

例えば、他市から転入してきた乳幼児連れのシングルマザーが、生活保護を申請させてもらえず、応援団が同行したことがあった。キャラバンで課長に問いただすと、課長がそのケースを知らなかった。「若手ケースワーカーが職場で相談しにくい雰囲気になっていないか。そうならないようにしてあげて欲しい」と要望する。相談の記録を提出し、感情論は交えずに話し、権限のある人に善処してもらう。「全部、地べた」と寺内さんは言う。

街頭で生活困窮者の現状を伝え、制度改善を訴える寺内順子さん

自治体は知りたがっている

市町村が社保協のアンケートに回答する理由について、寺内さんは「ちゃんとフィードバックしているから、信頼度が高いのではないか」とみる。また、自治体単独では、府内全域を俯瞰できる細かいデータをあまり持っていない。例えば、国保料などは社保協が順位をつけて冊子に収めている。子ども医療費助成の度合いも、一目瞭然だ。各自治体はトップもビリも避けたく、できれば真ん中ぐらいでいたいものだという。アンケート未提出の自治体も明記する。

制度を可視化して、自治体自身が比較検討できるように工夫する。

内容はＨＰですべて公開している。市町のなかには、「冊子をみて、来年度の予算を考えます」と言うところもあるという。

「議員に頼んで動いてもらうと、そのケースのみの対応になるので、それはやらない。自治体の問題にすることが大事」と寺内さんは強調する。

ネット申請による情報公開請求も活用する。正面切って制度を使う。社会保障をよくするためにやっている運動団体として、個人的問題にせず、「ちゃんと文句言う」のだという。その時、役所の尊厳は傷つけない。「トップがどうであれ、職員は仕事を頑張っている」

最後に、寺内さんにこれまでとこれからを聞いた。

やらなければ始まらない

――応援団は運動団体の取り組みが下地になったということで、政党色があるかどうかを聞かれませんか。

色をつける人がいるけど、まず、大阪社保協には政党が入っていません。政党とは距離をおく方針なので、一緒くたにして欲しくないです。大阪社保協はいろんな政党の議員と関わりがあるし、各政党の中でもいろんな議員がいる。地方政治はそれでいいと思います。

——支援を求める人が増え続け、スペシャルボックスの新規申し込みを断っている状況です。応援団の持続性に不安はありませんか。

私もわからないです。やれることをやれるところまでやる、としか言えない。活動をスタートさせた時には、今こういうことをやっているなんて夢にも思わなかったですから。

ひとつ言えることは、目の前にいるママたちの声を聞き、子どもたちの声を聞いて、やれることをやっていたらこういうスタイルになった、ということです。社会保障運動を組み立てる立場で30年やっていて言えるのは、運動なんてやってみなわからん、ということ。そして、確実に言えるのは、やらんと始まらん、ということです。

私は裏方、ネットワーク作りに注力

——継続していくために必要なことは？

様々なことが実現できるのは、ひとえにサポーターさんがいるから。もともと私の友人・知人であったり、フェイスブック（FB）友達であったり、マスコミを通じてシンママ大阪応援団を知っていただいたり、講演会に来ていただいた方であったりです。ずっとつながって、いつも見守っていただいく。シンママ大阪応援団は寺内が頑張っている、と思っている方がおられるかもしれませんが、私は基本的に裏方です。

――サポーターを継続してもらうための工夫はありますか。

一番力を注いでいるのは、人間ネットワークを作ることです。サポーターさんのほとんどは、個人です。個人は、その方の意思で動ける。これが強みです。

応援したいと思ってもらうためには工夫がいります。それは、なんといっても可視化です。何をやっているのかが逐一わかることが重要です。サポーター通信と私のFBで紹介しています。

サポーター通信には、スペシャルボックスを受け取ったママたちにできるだけ感想を書いてもらい、掲載する。暮らしぶりや心の状態が盛り込まれている。ママたちが落ち着いてきたか、不安の原因は何か。ママの変化が伝わり、サポーターさんがママを理解し、関わりを強めます。例えば、「今度学校で○○が必要なので、欲しいです」とママの近況や感想を読んで、「サポーター通信の○ページに載っていたママにあげて」とわざわざ届けてくれる人がいます。

電化製品が壊れたというSOSが届けば、私がFBで急募する。サポーターさんの協力で、だいたい1週間以内に手配できます。応援団の通帳の記帳に行くと、数千円から数十万円まで、幅広い額が入金されている。一人ひとりの思いを受け取っています。

脱「ちゃんと」「普通は」「本当の」

――他の支援団体に助けを求めたら、「対象外」とされた人もいます。今の支援活動全般をどう見ていますか。

例えば、一回限りの食料支援の申し込みに、いろんな証明書を添付してもらう手法をとると、しんどい人のところにはボックスはいかないと思うのです。「本当の」貧困かどうかを判断するために申請をさせるのだと思うのですが、しんどい人は申請や実務が不得意です。ハードルをとにかく低くしないと、しんどい人はSOSを出せない、というのがシンママ大阪応援団の活動をしていて感じていることです。しんどくなければSOSは出さないです。

いろんなところで、「ちゃんと」「普通は」「本当の」がよく使われますが、この三つは禁句！だから、何も聞かない。「お口チャック」がいいのです。

――支援し続けると、「依存されるのでは？」と聞かれるそうですね。

依存されるかどうかなんて、実際分からないです。ただ言えるのは、今困っている状況は、その人の責任じゃない。例えば、最低賃金が上がっても20~30円程度。時給1200円でフルタイムで働いても、それほど生活は楽にならない。女性の雇用状況からいって、劇的に生活に余裕が生まれるわけではない。ここに来るママたちは、離婚してから働き出した人がほとんどで、ずっと働いている人は応援団に相談に来ない。

子どもを保育園に預けて働いても、小学校になるといろんな行事や手間がかかる。児童扶養手当があっても収入が月20万円あるかどうかのレベル。高校に入ってからは、もっとお金がかかる。子どもの成長とともに女性の暮らしがよくなるかというと、ならない。逆に時給が下がることもある。女性個人の責任ではなく、労働問題です。働いているのに貧乏なまま。うちみたいな一民間団体が抱える問題ではないです。弱小団体が目の前の人を何とかしようと思っているのが現状で、月1回食料を送ったからといって、生活がよくなるわけではない。

応援団を卒業する契機としては、再婚や再就職がありますが、年間10人もいません。

人の人生管理しない　私たちはお守り

――「猛獣使い」(24ページ)と呼ばれていますが、なぜ「とっちらかったママたち」が集まっても大丈夫な場をつくれるのですか。

振り返れば、社保協の仕事柄、いろんな人と仕事をしてきました。中にはとんでもない「パワハラおっさん」もいました。その人たちと比べればママたちは、とても真面目で一生懸命です。

サポートは技術ではない。支援者がやりたい支援をすることではない。主人公は支援者ではなく当事者です。サポートは「あなたが大切だ」ということを行為やモノで伝えることです。

――個別ケースへの支援はどう組み立てているのですか。

役所への同行は主に私が担いますが、それ以外の支援は、スペシャリストにつなぎます。今困っていることを解決するのに必要な人は、頭の中の電話帳で思い浮かびます。社保協の取り組みでつながりができているおかげです。例えば、応援団の理事でもある大阪の小久保哲郎弁護士には、ママたちの生活保護や債務整理などの相談にのってもらっています。小久保弁護士が生活保護問題対策全国会議の事務局長として取り組んでいる生活保護制度の違法な運用の是正や、社会保障制度の整備・充実と、ママたちの相談内容は関連が深い。

私は相談のケース記録は取っていません。人の人生をマネジメントしない。メールだけのやりとりで、一回も会っていない人もいる。何人支援したか、数字にあまり意味はない。

「寺内さん、ほんと何も聞かないですね」と言われます。九州から来た人に「いろいろ聞かれると思って構えていた」と打ち明けられたことがありますが、私は心して聞かない。戦略です。

――逆転の発想ですね。

ケースワークには無理があると思います。信頼関係が築けていないのに、原因を探ろうとするからです。みんな簡単には自分のことを言わないと思います。誰だってそうでしょう。いいことも悪いこともある。「今日、生きててよかったね」でいい。生きていこうとしていることが素晴らしい。

私自身、社保協事務局を担いながら2人の子どもを育てたシングルマザーです。私には実家があり、両親がいて、様々なサポートをしてくれている。でも、親に頼れない人には誰かが耳を傾ける必要があり、その人が望んでいることを少しでも実現することが大事です。私自身も、いろいろ聞く中で無意識に上から目線になっていないか、気を付けたいです。

――いろんな親子や若年女性に関わってきて、見えてきたことは。

子どもたちができるだけ早いうちに、心ある大人に出会って、集中的にサポートを受けること。それができる大人をつくっていかないといけない。私らはお守りみたいなもので、普段は忘れられていていい。何かのときに思い出して頼ってくれたらいい。お守りは普段気にとめない。絶好調のときは特に。それでいいんです。

――この先の目標は。

暮らしが大変なママの声を代弁するような政策提言をしたいです。また、思いを一緒にする応援団が各地にできたらと思います。シンママ大阪応援団には全国からＳＯＳが届きます。声かけがあればやってきたことを紹介したい。実際、熊本や福岡には応援団ができました。

(3)「応援団」の「応援団」 元経営者と生協活動からの目

シンママ大阪応援団には、有形無形のサポートをする人が500人以上いる。ママたち同様、サポーターも多様だ。

深夜ラジオを聞いて 曳船会社の元経営者

「天下の素浪人」

エッジの効いた肩書の名刺の主は、80歳を超えた白髪の紳士。1940年生まれの奥野武久さんだ。サポーターの奥野さんは、大阪港で主にタグボートの事業を営む昭陽汽船(大阪市)の元会長で、2017年、神戸大学大学院海事科学研究科に私財1億円を寄付した人物だ。同大では「奥野基金」が創設され、海事産業界を目指す学生に給付型奨学金が支給されている。

海事とシングルマザーはまるでつながらないが、奥野さんの足を応援団へ向かわせたのは、深夜のラジオだった。

2018年12月、寺内さんが出演するNHKラジオ深夜便が放送された。テーマは「シングルマザーに寄り添う」。応援団が普段接しているママと子どもたちの様子や、支援の内容などを紹介した。反響は予想を超えた。寄付や米支援の申し出が続々入り、サポーターの数が増える大きなきっかけになった。

年が明け、半月経った土曜の午後、ラジオを聴いた奥野さんが1人で応援団の事務所が入居する国労大阪会館に現れた。

「DVから逃げて来て、子どもがご飯を食べられないとか、自分は知らない世界だった。心打たれた。ずっと頭の中に残っていた」

奥野さんは神戸大学への寄付にとどまらず、大阪市内の児童養護施設に匿名で現金をポストにいれたこともあるが、わざわざ応援団の事務所まで訪ねたのには理由がある。NHKの番組に信頼をおきつつ、「国労大阪会館が気になった。昔の人間やからね。思想的に相いれないもんがあるから」

事務所内に寄付の品々が山積みになっているのを見て、思い込みだと分かった。

「とりあえず100万円入れとくわ」

事務所で出迎えた寺内さんは面食らったが、週明けに記帳したら、確かに入金されていた。

恩返し「できることは、金」

奥野さんは、岡山県笠岡市の北木島の出身。花崗岩の産出と加工で栄えたまちで、父は船乗りだった。米を食べるのは盆正月のみで、普段は麦飯やイモだったが、瀬戸内海の魚や山の幸に恵まれて育った。

現役時代は仕事に没頭し、休日はゴルフとマージャン。妻の奥野房子さんが出版した自分史『ありがとう！　七十歳のひとりごと』（文芸社、２０１３年）からは、夫の奥野さんが家事・育児にほとんど関わらなかったことが分かる。一方で、「買うてきたで」と何千万円もするビルを、事前に相談なく購入契約してきたという。一度や二度ではない。房子さんが資金の工面に奔走した。

奥野さんは引退後、喫茶店で各新聞に目を通し、政治経済の情勢を概観する。ラジオ深夜便は子守歌代わりだという。そんな奥野さんが、シングルマザーの支援に関わる理由について、「１人でここまで来たんじゃない。社会への恩返しとして、せめてできることは、金しかない」と言う。

「貧しい時代、終わったと思っていた」

シンママの声がたくさん盛りこまれた「サポーター通信」を読み、応援団との信頼関係がしっかりできたと感じた奥野さんは19年、「相談がある」と寺内さんらを呼び出し、「『1本』くらい寄付しようと思います」と表明した。1千万円という意味だった。

シンママ大阪応援団にも、「奥野基金」ができた。高校生と大学生向けに、性能のいいパソコン、プリンター、通信機器を支給するオンラインサポートなどに使われている。

奥野さんは、陰に陽に応援団を応援する寺内さんの両親とのつながりもでき、同世代交流している。「貧しい時代は、自分の世代で終わったと思っていた。困っていると言われたら、放っとかんたちなんでね」

「現場見えていなかった」 生協理事

応援団の事務所にはいつも、食料などの支援物資が詰まっているピンクと青のコンテナが、ところ狭しと天井近くまで積み上がる。時には廊下にまであふれることも。百戦錬磨のビジネスパーソン、奥野さんを納得させるだけの迫力がある。

ピンクのコンテナには、「生活協同組合おおさかパルコープ」（大阪市）からどっさりと運ばれてきた食料や日用品が詰まっている。パルコープはスペシャルボックスには欠かせない大口サポーター。「安心安全の生協ブランド」は応援団のママたちにとても人気があるという。大阪よどがわ市民生協も食料提供している。

松岡賢司さん（1961年生まれ）が理事を務めるパルコープは、2019年11月から応援団のサポートに乗り出した。発端は2008年以降、「子どもの貧困」や「相対的貧困」がニュースで取り上げられるようになり、2015年ごろから、複数の組合員がボランティアで子ども食堂に関わり始めたことだ。2011年の東日本大震災以降、東北への支援活動に取り組んできたが、「東北支援も大事だが、大阪でもできることはないのか」と声が上がっていた。

パルコープは宅配事業をしている。どうしてもキャンセル品が出てしまうため、本来食べられるのに捨てられてしまう食品ロスの問題を抱える。職員が引き取って買っても、すべては難しい。そのため、残りは食料支援専門の民間団体に提供していた。松岡さんは「それでよし、としていたところがありました。自己満足だったかもしれない」と振り返る。

組合員から「子ども食堂に食材を提供できないか」と相談が寄せられたのをきっかけに、2017年2月、「パルコープ子ども食堂フードバンク」を立ち上げ、パルコープのエリア（淀川の南側、大阪市から東方面の枚方市までの一帯、計8市）にある子ども食堂に月1回、キャンセル品や予備品、取引先の企業からの寄付食材の無償分配を、5カ所で始めた。翌年6月には、組合員が缶詰やレトルトなど家庭にある余剰食品を店舗などに持ってくる「フードドライブ」の取り組みも加わった。配送センターの職員や組合員のボランティアらが仕分けしている。

子ども食堂では冷蔵や冷凍の食品を調理して、温かいものを提供していることが多い。レトルトやインスタントなど常温食品の活用先として、スペシャルボックスの協力依頼があった応援団への提供が始まった。

着物で作業「そんな人いるんや」

松岡さんは食料支援団体の配達車両に乗せてもらい、どんな風にどんな人や組織に提供されているのかを知った。「現場に行って、いろんな苦労や工夫をしている人がいることを実感できた」

その1人が、寺内さんだ。寺内さんは数年前にパルコープの学習会の講師を務めたことがあり、松岡さんは「着物を着ている人」として記憶していた。「着物で、きちっと本を読んで、大学のような場所で理論研究をしている人」と思い込んでいたという。

スペシャルボックスの箱詰め現場に出向いた松岡さんは驚く。「こちらは食品を置いて帰るだけの立場だったが、寺内さんは着物で作業していた。そんな人いてるんや、と思った。こっちが恥ずかしくなるくらいだった」

一方、応援団にとっては、食品や日用品をケースごと直接持ってきてくれるパルコープの存在は大きい。普段は切り詰めて生活しているママたちは「子どもたちにちゃんとしたものを食べさせている」と思えるのだという。

「本来の生協活動ってこういうことだろうな」

生協は、一人ひとりがお金を出し合って組合員となり、みんなで利用、運営する組織だ。

歴史は、19世紀のイギリスにさかのぼる。日本生活協同組合連合会（日本生協連）のウェブサイトなどによれば、産業革命後、生産力が飛躍的に上がり、資本主義経済が発展する一方、労働者は低賃金・長時間労働を強いられ、常に失業の不安にさらされていた。また、混ぜ物の入った商品や目方の足りない商品を高い価格で売り付けられるなど、みじめな生活をしていたという。そうした生活に耐えかねた人々が連帯して生活を守ろうと、協同組合運動が生まれた。この動きは、世界中に広がっていく。

日本では大正時代、神戸出身の社会活動家でキリスト教伝道師、「生協の父」として知られる賀川豊彦（1888～1960）が先導した。米国留学後、「救貧から防貧へ」をスローガンに労働運動や農民運動などを引っ張った。第1次世界大戦後の不況下、生活必需品の高騰で人々の生活が苦しくなっていった。賀川は、助け合う仕組みとして、神戸などで購買組合（のちの生協）づくりを指導した。

全国に市民生協が広がっていくのは70年代。高度経済成長のひずみとして、食の安全や水質・大気汚染などの環境問題など暮らしをめぐるさまざまな不安が噴出し、自分たちの力で安心をつくろうという動きがあった。パルコープは1975年の設立だ。

松岡さんは、スペシャルボックスの詰め合わせ現場でシングルマザーの姿をみて、「本来、生協活動ってこういうことだろうなと思った」と言う。さらには、パルコープのエリアに住むシングルマザーが一定数いることも分かった。

エリア内の子ども食堂や、シングルマザー支援団体を応援する「子ども食堂応援募金」を設けた。パルコープは組合員44万5268人、出資金224億6435万円（2023年3月20日現在）。これまで総額約1700万円が集まった。食材配達専用の車両代、ガソリン代、高速代、商品を入れる折り畳み式のコンテナ・保冷箱、食材の充足に活用している。

松岡さんは「生協の食料支援で貧困がなくなるわけではない」と言う。ただ、大上段に構えず、共助として社会に参画する。寺内さんは大阪社会保障推進協議会の事務局長として社会保障制度の改善運動をすすめるかたわら、目の前のシンママの力になる活動をしている。松岡さんは、共通点を見いだす。「貧困という現実から目を背けがちなこともあるけど、正面から向き合って欲しい。教育や社会の制度などいろんな要素があって、その中で一番弱い立場の人が巻き込まれているのが現状だ」と組合員らに呼びかけている。

第2部

「安心して困れる世界」をつくる

辻由起子さん

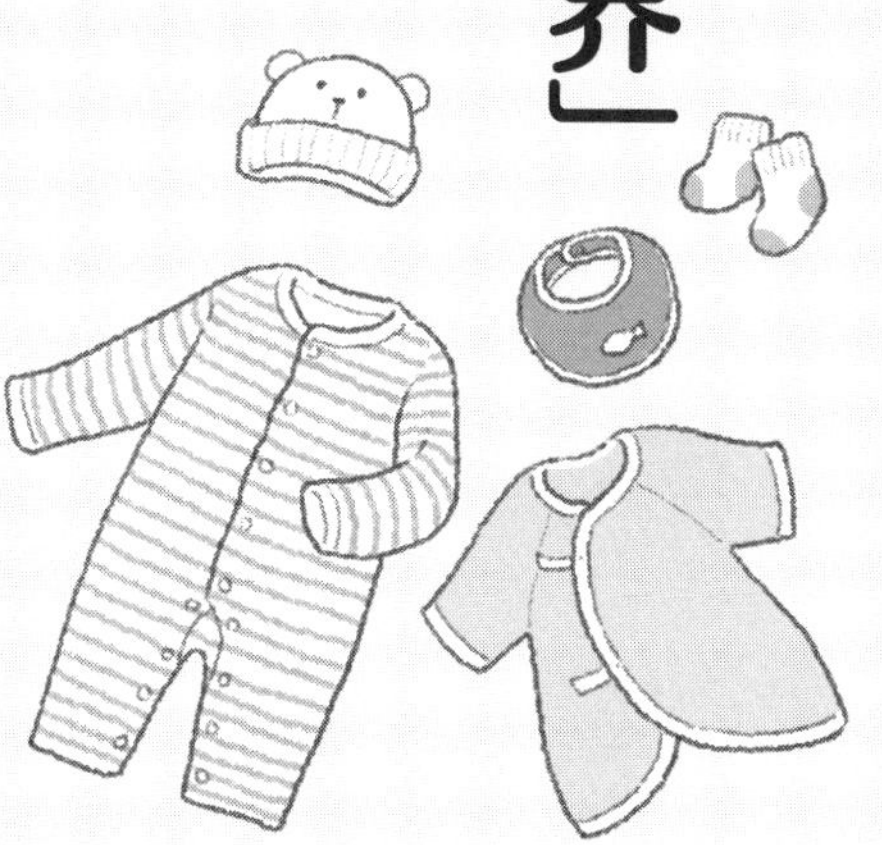

第3章　目の前の命まるごと

(1)「きれいごと」脇に置き、体当たり
19歳で出産、23歳で離婚、辻由起子さんの原点といま

「ただのおばちゃんだから、できることがある」

大阪府北部のベッドタウン、茨木市を拠点に支援活動している社会福祉士の辻由起子さんは、「素人魂」を強調する。寺内順子さんが社会保障制度拡充の運動を踏まえて、支援に取り組むのとは対照的だ。

困窮状態にある人を型にはめようとしない。また、「そっち側」と「こっち側」に分断線が引かれぬようにする。人はグラデーションの中で生きているという視点を持って、「主役は当事者」の支援にたどり着いている。これらは2人の共通点だ。ただ、従来の支援の枠組みや「文法」で辻さんを理解しようとすると、実像とずれるだろう。

「命を守るってきれいごとではない。もちろん戦略は練りますよ」と話す辻さんの取り組みは、「型破り」に見えるかもしれない。しかし、何かしらの「型」を前提にして考えること自体が、生き続けるために助けを求めて来た「ひと」が大事にしていることを大事にできない要因になることがある。

辻さんと手を組んで支援活動をしている人は、「辻さんは無色ですよね」と評する。「重層的」「柔軟」ともとれるし、「つかみどころがない」とも表現できる。よって、辻さんが支援した個々のケースを描く前に、辻さんの原点をまず紹介する。「きれいごと」「たてまえ」を脇に置き、人間の抱える矛盾を隠すことなく、壁に体当たりしてきた辻さんの活動を理解するための補助線になればと思う。

19歳で出産、暴力、離婚、貧困

ベッドタウンの茨木市のなかでも、辻さんが育ったのは田んぼや畑が一面に広がる地域だった。

すき焼きを食べる時は飼っている鶏を潰し、中学1年生でガス風呂に切り替わるまでは薪を使っていた。辻さんの原体験だ。民生委員をしていた祖父らが村の寄り合いで、何かにつけて「孫の代まで残してやりたい」と100年先を考えていた姿を記憶している。「戦争で全部つぶれるのを知っているからだと思う」と辻さんは言う。父の世代になると「誰が得するか、損するか」に変質し、「孫のため」から「我が子のため」へと空気が変化するのを感じた。一方、家父長制が色濃く残る土地柄だった。

府内トップ級の進学校、府立茨木高校の3年生の12月。辻さんは推薦で大学合格を手にしたことから、心のスイッチが切れた。「~やらねばならぬ病」にしばられていた自分自身を少し解き放ち、居酒屋でバイトを始めた。知り合った男性に「運命の女」と言い寄られ、信じた。結婚し、19歳で娘を出産した。

夫は働かない人だった。辻さんは仕事の面接では落とされ、電話契約は未成年を理由に断られた。親の承諾がなければ身動きとれないことを知った。茨高生《いばこう》だった間は周囲が認めてくれたのに、「茨高なのに妊娠した人」とささやかれた。実家に帰ることを禁止された。世間体が理由だ。

夫は暴力を振るった。「これくらい我慢しろ」と言われ、男性に従うものだとすり込まれていた辻さんは受け入れた。市場やスーパー、ラウンジ、物流倉庫などで働き、生計を支えた。「ひよこクラブ」を1冊だけ買い、毎日読んだ。子育てが全然楽しくなかった。「ど貧乏」で、トイレはコンビニ、廃棄の弁当に助けられたこともあった。勉強はたくさんしたのに、子育ては学ばなかった。母親というだけで、「子どもがかわいそう」と評価され、ではどうしたらいいのかたずねると、「あなた母親でしょ」と、根性論が返ってきた。娘に「言うこと聞いて！」と心の中で叫びながら、手を上げた。

高卒で見つけられる仕事では食べていけなかった。資格取得と知識を得るため、大学の通信教育課程に入り、幼児教育を専攻。「母親の抱える育児不安について」を卒論テーマにした。23歳で離婚した。それでも子育てはうまくいかない。娘は不登校になった。

子育てを通じて痛感した社会の理不尽さとその怒りを、どうしていいかわからない。それならば、と通信教育課程で社会福祉を学び、卒業した。33歳だった。

2児置き去り虐待死事件　母親批判に危機感

２０１０年7月、大阪市西区のマンションで、幼い姉弟が餓死する虐待死事件が起きた。３歳の姉と1歳の弟が遺体で見つかり、風俗店従業員の母親（当時23歳）が逮捕された。辻さんは公判の傍聴に足を運んだ。自らの経験が重なり、苦しみもがく親を社会全体で支援しなければ、子どもを守れないという気持ちを強くした。だが、世の中は母親バッシングで覆われていた。

「やっぱり黙っていられない」

同年9月、全盛期のインターネット交流サイト「ミクシィ」でコミュニティーをつくり、自分たちにできることを話し合い、当事者目線の現状を知ってもらおうと、仲間とともに積極的にメディアの取材を受けた。2012年3月、殺人罪に問われた母親に懲役30年の判決が出た際、辻さんはメディアの取材に対し、次のようにコメントしている。

私も38歳のシングルマザー。公判を傍聴して、今回の事件を社会全体の問題としてとらえないといけないと思った。都市部では飲食店が寮や託児所を持つケースがあり、被告のように夜間働くシングルマザーが少なくない。一方で「昼の支援」がメーンの行政の目から漏れ、孤立しがちになる。24時間態勢で保育士らが育児などの相談にのる公営の「駆け込み寺」の整備が必要だ。（朝日新聞同年3月17日、朝刊38ページ）

立候補したが……自ら駆け込み寺に

翌月、茨木市議補選に自民党公認で立候補した。告示日10日前、自民党に声をかけられ、5日前に立候補を決断。当時、大阪府子ども虐待防止アドバイザーとして相談を受けたり、子育てのセミナー活動をしたりしていたが、小中学校での発達障害専門支援員をやめて、ちょうど無職だった。地域での活動だけでは足りないため、最終的には法律や制度を変えなければ現状がよくならないと思った。次点で落選したが、政治家との接点はここで生まれた。

一方で、実際には、法律が変わっても一人ひとりの意識が変わらないと現実が変わらないことも見えた。「ミギもヒダリもわからず」飛び込んだ政治の世界だったが、「政治の常識は市民の非常識」と感じることが多くあった。「辻さんは自民党?」と声をかけてくる知り合いの質問に心底、「どうでもええわ!」とがっかりした。たまたま声をかけてきたのが自民党だっただけだ。党の政策に「違う」と思うこともたくさんあった。政治家個人がどんな政策を考えていて、普段どんな活動をしているかの方が大切ではないのか、党の争いが優先され課題を解

大阪府茨木市議補選に立候補したときの辻由起子さん

決するための議論ができていないのではないか、「党VS党」ではなく「人VS課題」ではないのか――。

政治家として何かをすることは向いていないと強く感じ、一人ひとりに対応していくことが、遠回りのようで一番大事だと考えた。「辻由起子」個人で、地域の活動に働きかけることに決めた。自らが、駆け込み寺になった。

一緒に買い物　辻流寄り添い

寄り添うときには、まず買い物に一緒に行く。その人の好みや料理力、生活レベル、意欲を知る。料理を知らなければ教え、料理をしない子にはすぐ食べられるものを渡す。ディスカウント店「ドン・キホーテ」は最強のカウンセリングルームだという。買い物を通してその子が大事にしていることが分かるからだ。ただ、「買い物に行こう」と誘われて、「そこまで困っていない」と、傷つく人には言わない。

会話では、伝わる言葉を選ぶよう意識する。人の価値観は多様だ。相手の考えが合理的でないと思っても、「そうくるか!」といったん受け止める。その人の人生と人格は否定しない。

活動の財源は私財と寄付だ。SNS発信やメディア掲載も、寄付集めに貢献している。個人の特定を避けた形での事例は、許可をとって発信する。経験は社会の財産ととらえるのと同時に、なかったことにされないためだ。そうやって「次のママさんへ」と、誰かが誰かを支える循環ができあがっていくのだという。

辻さんが対応しきれない場合は、「すぐに走れる仲間」に連絡して任せる。得てきた専門知識と経験則を掛け合わせて、それぞれのケースを「トリアージ」するのだという。

なかよしの他人を増やす　シェアリンク茨木

活動の多くは、市民ボランティア団体「シェアリンク茨木」として取り組む。固い意思で法人にしていない。自治体ごとに人口や地形、産業、風土、社会資源が異なる。膨大な資料作りとプレゼンテーションを行って、行政の事業委託を受けたとしても、年度末など行政側のスケジュールで切られることがある。しかし、委託が終わっても、人は住み、食べなければならない。だからこそ、非営利任意団体でできることを国や地方行政に見せつけている最中だという。

少子化と人口減少が進む中、持続可能性を模索する試みだ。

キーワードは「なかよしの他人を増やす」。制度でできることは限られているうえに、制度や仕組みは人が運用するので、人の心がないと形骸化する。公的機関の「縦割りの壁」を乗り越えるため、法的根拠にとらわれない住民を育てる。ただし、できることしかしない。市民同士なので「困った時はお互いさま」。そうした関係のなかよしの他人に、「しんどい」と感じた時にすぐに話せる風土と関係性を先につくる狙いだ。子どもの頃に話せていたら、大人になった時にも話せる可能性が高まる、と辻さんは期待している。

(2) 19歳ひとり親「ご飯ない」

「親という『ベーシックインカム』が、あるとないとでは大違い。うちに来る子はほとんど、ベーシックインカムがない」

大阪府茨木市を拠点に子ども・子育て・地域支援に関わる辻由起子さんのもとには、各地から、寄る辺のない若者や子育て中の女性からSOSが届く。

ベーシックインカム(Basic Income)は本来、国が個人個人に無条件に一定のお金を配り、最低限を保障する社会制度のことだが、辻さんが意味するのは、子どもを適切に養育し、困った時には助けてくれるものとされる親や親族の存在だ。直接助けてくれなくても、賃貸住宅や携帯電話の契約などで「保護者」の名前が暮らしを下支えする。

しかし、そうした親ばかりではないし、親がいるとも限らない。辻さんはこの「助けてくれる親を頼るのが当然」の思い込みをリセットして、現実を直視し、子ども・若者や子育てに悩む親の目線から社会を組み立て直そうというメッセージを、活動に込める。

辻さんが若者らに出会う時は、ほとんどのケースが相談先の行政ではね返された後だ。社会的に大前提とされている「ベーシックインカム」もない。辻さんは「その事実を、なかったことにはしたくない」と言う。

ぽつんと置き去り

大阪府内の住宅密集地に建つアパートの一室。生後半年の男児が、テレビ台につかまり立ちして振り返る。目線の先は19歳の母親。マコさんは、日本がコロナ禍で本格的に混乱し始めた時期、一人で男児を産んだ。

乳児を抱えて買い物に行きづらい。マスクは高くて手に入りにくい。コロナの感染拡大で世の中がざわつく中、生後間もない息子と2人きり、ぽつんと置き去りにされた気持ちになった。

経済的にも困窮した。出産前の家探しは、新生児NGが続き、難航した。ようやく見つけたのは家賃7万円の部屋。手元に入ってくるのは、様々な手当を合わせて月11万～14万円。貯金から引っ越し代や出産の費用を払うと、手元に2万円しか残らなかった。おかずは具のないみそ汁。毎回多めに作り、少しずつ食べた。

体重は40キロにまで落ちた。

スマホで「ひとり親　ご飯ない」と検索してヒットした支援団体に電話してみた。「役所で証明してもらってから来て」と言われてあきらめた。1週間、誰ともしゃべらず、家で子どもと2人きり。「赤ちゃんはいいなあ。泣きたい時に泣けて」

親子の無理心中のニュースが流れてきた。紙一重だと思った。

親との暮らし、薄い記憶

見捨てられた気持ちは、初めてではない。子どものころ、幼いきょうだいのおしめを替え、夜働く母親の代わりに面倒をみた。母親に殴られても、名前を呼んで欲しい、愛されたい、と望んでいた。

親と離れ、いくつかの施設で暮らした。親を「うざい」と言いながら、でも、それがかなわないと悟った時、「親は死んだと思ったら楽になった」。中学生の時には、「一人で生きていこう」と突っ走り、生活が荒れた。

高校には進学せず、自立を支援する施設で事務補助などの仕事をしていた時、妊娠した。

子どもの父親にあたる男性は、セックスを拒むと殴った。携帯をチェックされた。マコさんに逃げ場はない。周囲の説得もどこ吹く風で、「ほんまにオレの子?」「自分の人生をいきたい」と男性が言い出した。認知しないまま、去っていった。

ウソでもいい、「わかるよ」と言って欲しかった

頼れる人は限られていたが、それでも妊娠中によくしてくれた人がいた。「赤ちゃんができたら、みんな優しく心配してくれた。妊婦っていいなって」。初めて認められたような気がした。だが、産んだ後、ぱたっと連絡がこなくなった。別の妊婦の支援をしていると聞いた。こんなもんかと思った。

子育ては戸惑いの連続だ。つながりのある支援者に相談すると、「あなただけがしんどいんじゃない」「自分で選んで産んだんでしょ」と受け止めてもらえなかった。マコさんは「傷ついた。できない、助けて、と言うのは母親失格なのかなと思った」と言う。

役所への期待も薄れていった。新生児訪問にきた担当者に「マスクがなくて買い物に行けない」と訴えたが、「ないですよねー」という言葉が返ってきただけだったという。

家賃や光熱費の催促状が届いた。生活苦を相談するつもりで役所に「しんどい」と伝えると、虐待を疑われた。ひとり親のための手当を申請する際には、男性と別れた理由や「なぜ産もうと思ったのか」と聞かれた。「子どもの命を守りたかった」。精いっぱいの気持ちを記したが、役所にSOSを出す気は消えていった。

「みんな私を責める。ウソでもいいから、『そやな、わかるよ』と言ってくれたら嬉しかったのに」。「弱くて何もできない子」と思われて、悔しかった。

とりあえず買い物いこ！

予防接種の受け方も複雑すぎてわからなかった。あきらめかけていたころ、支援施設で顔見知りになっていた辻さんが、マコさんに出産祝いを渡すために現れた。

実は家賃が払えていない、光熱費の催促はがきが来ている――。

お金のことについて他人に告白したのは初めてだった。人に迷惑をかけると思っていたからだ。ティッシュも買えていなかった。

「とりあえず買い物いこ！」

辻さんが誘うと、「ティッシュ買っていいの？」とマコさんは喜んだ。スーパーで自由に食材を選び、家でサケのかす汁を作った。辻さんにＬＩＮＥで報告した。「白米以外のもの、１カ月ぶり」

辻さんはマコさんと会う1カ月前、コロナ禍での失業や減収で困っている人を助けるため、「子ども・若者・シングルマザー応援基金」を立ち上げ、寄付を集めていた。定期的に支援する世帯に、マコさんを加えた。「自助でなんとかしろと言われても、その土台さえない人がいる。公助に手を伸ばしても、窓口で断られている。市民が善意を集めて渡す。こういう社会のままでいいのか」と疑問を投げかける。

初めて知った「見返りを求めない人」の存在

マコさんの窮状が書かれた記事が新聞に掲載されると、数日で150件以上の反響が電話やメールで寄せられた。ほとんどがマコさん親子を心配し、支援を申し出る内容だった。また、50人ほどから現金や食料などの物資が、新聞社に届けられた。

受け取ったマコさんは、「見返りを求めない人たちの存在に驚いた。生きていていいんだよ、と言われている気がした」と話した。連絡先が分かる相手には直接、感謝の気持ちを伝えた。年配者からは「孫のようだ」と喜ばれ、いつの間にかマコさんが聞き役になることもあった。

一方で、不安も抱いた。「返せと言われたらどうしよう、もっと頑張れと言われたらどうしようって」。不安は、マコさんのこれまでの傷つき体験に根ざしていた。

「いつか裏切られるんじゃないかと思って、なるべく本音を言わないように生きてきた。人のこと

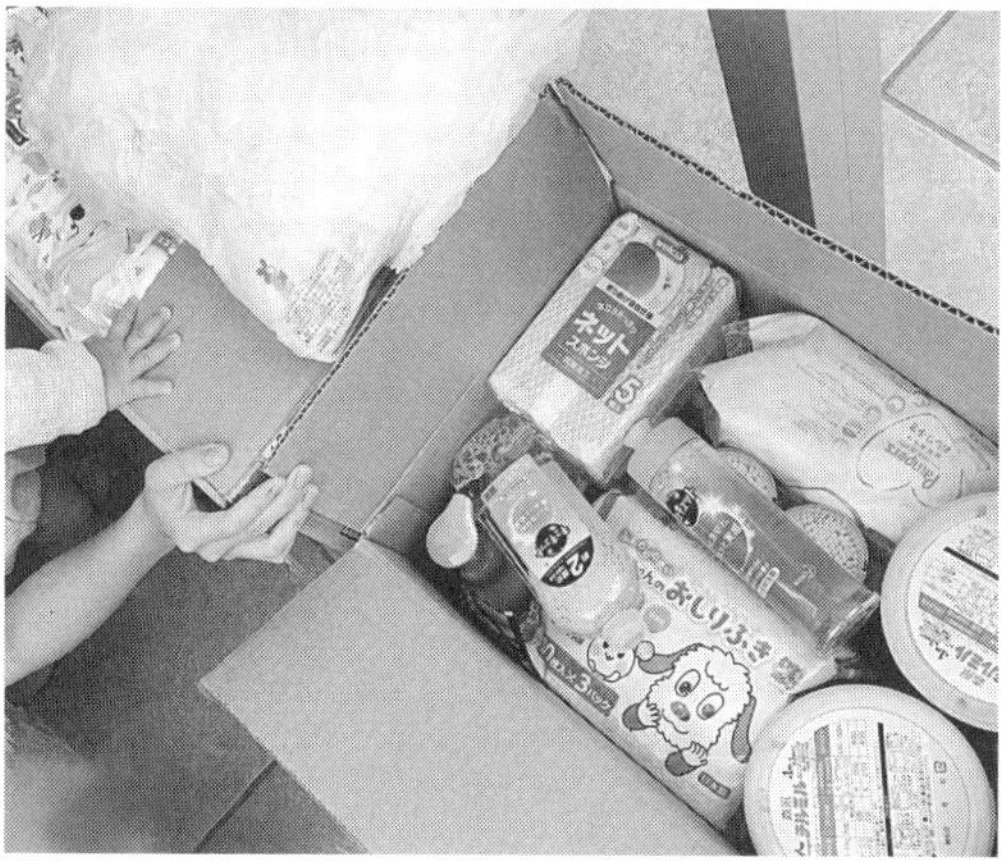

マコさんと赤ちゃんのもとに、支援者から送られてきた物資

を信じない方が、傷つかないですむ。最初から一人で苦しんでいる方がまし」

すぐにハッピーエンドは来ない

出産して1年後。「元気に生まれてきてくれたことが、嬉しい」

マコさんは息子に泣かれても、どんどん泣いてくれ、と思えるようになった。「以前は自分に喜怒哀楽の感情があるのかないのか、分からなかった。人間関係の作り方は、好きか嫌いか、損か得か、が基準だった。ＬＩＮＥが頻繁に来ないと不安になり、捨てられたと思い込む。キレたりねたんだり、何かしら暴れてた。ほんまに私、おかしかった」と振り返る。今は人間関係に変化が起きても、動揺することが減ったという。「私はひとりじゃないと思えるから」。はっきりとした口調だった。

一方、辻さんは、これからマコさん親子をどう支えていくか、関係者らと話し合った。辻さんはこれまでの支援の経験と重ね合わせながら、「いきなりハッピーエンドは来ない」と言う。「人は誰でも、何度も浮き沈みを繰り返して成長していく。そこで問われるのは、大人側の姿勢。受け止める側が、短期的な目線でイエスかノーかの二択で判断すべきではない。大事なのは周りの対応。何か問題が起きたからといってあたふたしたり、対応を変えたりするのではなく、そうかそうかと受け止められる社会環境があれば、本人がブレなくなっていく」

同時に、公的支援の充実や担当者のスキルアップを訴える。「一人で生きている人は誰もいないのに、子育ては特に『母親頑張れ』の風潮が強い。命を宿した母親が全責任を負うかのような、言葉の投げかけ方や文化を見直す必要がある」

例えば、「お風呂の入れ方」「離乳食の作り方」という通り一遍の説明ではなく、「一人でお風呂に入れて、自分の着替えまで効率よくやるやり方」「赤ちゃんを抱きながらでもつくれる離乳食」といった、生活の一部に組み込んだ具体的で分かりやすいアドバイスがいるのだという。「頼れる実家がない初めての出産と子育てで不安がいっぱいの母親が、首の座っていない赤ちゃんを抱えて一人で買い物をする大変さを想像して欲しい。必要なのは、親子丸ごとのケアです。独りぼっちにしたら、あかん」

誰もが支える側、支えられる側

戸惑ったり、迷ったりしながらも、マコさんは子育てに疲れた友人の子どもを預かるなど、支える側にも回っている。その姿をみて、辻さんは「マコは子どもを育てるのがうまいなと思った。自分の子とよその子を分け隔てなく、かわいがる。不安なことさえなければ、上手に子育てできる子なんです」

辻さんが強調するのが、自助ではなく互助。お互いに自発的に支え合うことだ。「誰しも老いるし、事故にあうこともある。しんどいことが起きても、周りがそれを受け入れ、助け、自分が元気になれば誰かの支援に回ることが大事だ。それを一人ひとりがもっと自覚すれば、積み重ねで社会に根付く」

誰もが、支える側と支えられる側を行ったり来たりしている。

(3)「戸籍が汚れる」私のせい?

「悲しい。妊婦だからかな?」

辻さんのもとにLINEが入った。ミホさん(25歳)からだった。

「我慢に慣れているから、『しんどい』と言えない子。それなのに、悲しいって言うから相当(心が)やられているな」。そう考えた辻さんは「明日行ったるわ!」と即返信した。

翌日、辻さんは車で、関西の地方都市に向かった。

待ち合わせ場所で、辻さんに会ったミホさんは淡々としていた。が、後部座席に身体を沈め、辻さんと会話する顔には、安心感がにじみ出ていた。

早速、郊外型の大型ショッピングセンターへ車を走らせた。

肌着、パジャマ、おむつ、哺乳瓶など、新生児を迎えるための一式を買い物カートへ入れていく。レジに3万4000円と表示された。辻さんが支払いを済ませた。

「ゆきちゃん（＊辻さん）がいてくれてよかった。どうしようかと焦ってた」

単身向けアパートに、おなかの赤ちゃんの父親と2人で暮らす。出産後の具体的な計画は、立てられないでいた。

虐待経験、家を出て夜の仕事へ

ミホさんに身内はいるが、味方になってくれる人はいない。

母子家庭で育った。小学生のころから、母親の暴力が日常にあった。親から「（暴力を受けていることを人に）言うな」と釘を刺されてきた。ある日、学校の先生が様子に気付き、ミホさんが事情を話した。すると、より暴力が酷くなった。「助けて！と言うと、酷いことが待っていた」。だから絶対に「助けて」は言わないことにした。

児童相談所の一時保護は、記憶しているだけでも20回。保護されたミホさんなりの結論は、「児童相談所は何もしてくれない」。「きょうだいの面倒をあなたが見ないといけ

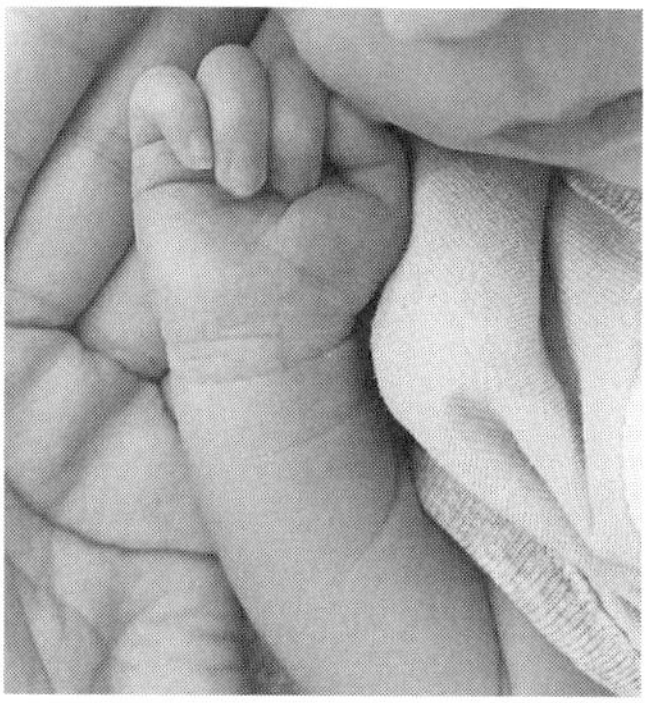
ミホさんの赤ちゃん

ないから、家に帰りなさい」と児相側に言われて、自宅に戻されたこともあるという。「もう、頑張る気は失せた」

このままだと死んでしまう。そう思ったのが中学生の時だ。家を飛び出して大阪の繁華街、ミナミの世界へ身を置いた。年齢を偽って夜の仕事で生計をたてながら、完全個室型のネットカフェや知り合いの家を転々とした。

17歳で知り合う

ミホさんは17歳の時、辻さんと出会った。X（旧ツイッター）をきっかけにつながった女性から、辻さんの講演会を一緒に聞きに行こうと誘われたのだ。

辻さんは、目の前に現れたミホさんの全身から発せられる「オーラ」を感じ、ギュッと抱きしめた。ミホさんは「頭をなでてもらった。それが忘れられなかった」と話した。

さらに、辻さんからメモをもらった。今も大切にしている。

①仕事はそこそこで〇K。ひと月20万円で良い
②好きなことをする
③余計なことを考えない

④自分にやさしく。自分を甘やかす
⑤インターネットのウソの情報を信じない
⑥昼間働きたくなったら電話してくる
なぐる男、お金を貸してという男はダメ‼

携帯電話のSMSでつながり続けた。辻さんは「彼女が望まなければ、絶対につながらない子」と言う。彼氏については「聞いてこないで」という空気を出しているので、詳しく聞いていない。妊娠した時も、「絶対に怒らないで、否定しないで」と前置きがあった。辻さんは「誰に何を言われたん？」程度にとどめる。そして、SOSが来たら、必ず受け止める。

身分証明できない絶望

コロナ禍が本格化するころ、「ゆきちゃん」と辻さんにメッセージを送った。ミホさんは連絡するのに2日迷ったという。
辻さんはミナミへと迎えにいった。ミホさんは震えていて、目の焦点が合わなかった。妊娠していた。病院に行ったが、パニックを起こし、結果的に流産した。
さらに、ミホさんは大きな困難を抱えていた。まず、自分を証明するものが何もなかった。

転々とした生活のなかで、唯一のＩＤである健康保険証を紛失した。住民票を請求しようと役所の窓口を訪ねたが、身分証がないため発行されなかったという。年金手帳の再発行をしたらいい、と窓口で「助言」を受け、年金事務所に行ったが、やはり身分証がネックとなり、たらい回しされた。「ミホはミホやのに、誰も認めてくれない」。絶望だけが残った。

辻さんが面識のある役所職員らに説明をして、手続きが進んだ。住民票を移し、しばらく辻さんの家で暮らした。

ミホさんの心はすぐに落ち着くものではなかった。「早く逃げないと」とパニックになって泣き出す。短くて2時間、長くて4時間。「死にたい」と毎回言う。過去の記憶がフラッシュバックしているようだった。

ある日、ミホさんの携帯に全く知らない電話番号から着信があった。出てみたら、母だった。呼び出され、嬉しくなって会いにいった。しかし、予想は裏切られた。

「コロナの給付金10万円、(ミホさんの分が)振り込まれていない」

10万円を渡すよう要求されたが、断った。「親の望むことができへんなんて、最低な子やな」。母親の知人から批判された。そこからＯＤ(オーバードーズ)に落ちた。

妊娠、相手家族からの排除

コロナ禍の中、ミホさんは飲食店で知り合った客と付き合い、妊娠した。その彼氏とは、婚姻届を出せていない。戸籍謄本を取り寄せると、ミホさんの戸籍に「除籍」の文字があった。それを見た彼氏の家族に、「戸籍が汚れる」と言われたのだ。

除籍とは、戸籍に在籍していた人が死亡、婚姻、離婚などの理由で、その戸籍から抜けることを指す。人生のなかで何かしら除籍となる理由は生まれるもので、特別なことではない。ミホさんの場合、自分の意思で除籍したことは一度もなく、「汚れる」は言いがかりでしかなかった。ミホさんは「私のせいならまだしも、除籍なんて知らないのに」と戸惑う。

彼氏の家族からは、手土産に賞味期限切れの食品を手渡されたこともあった。帰宅後、思い切りゴミ箱に放り投げた。

「赤ちゃんのことは不安でしかないけど、産むって決めたから頑張っていこうと思う」

ミホさんは、辻さんに決意を伝えた。在宅で電話営業のアルバイトをして、出産にかかる費用をまかなおうとしたが、足りない。コロナ禍で、ママ友もつくりにくかった。身近で助けてくれそうな人は、ミホさんを歓迎しているようには見えない相手の家族だけだ。辻さんから届く食料にホッとしつつ、「ゆきちゃん家に、また帰りたいな」と不安を漏らす。

辻さんは、寄付金を活用し、マタニティーグッズをミホさんと一緒に選んだ。「妊娠から出産前後は、仕事もままならない。仕事の都合をつけながら、平日に役所の手続き、病院を探し、健診に行き、出産の準備をする。ようやく出産のゴールが見えてきても、前金を入れないと出産予約を取らせてくれない病院もある。妊娠・出産・子育てを手放しで喜べないのが今の社会の仕組みだ」と指摘する。

無事に産まれますように。辻さんは、祈った。

深夜のLINE

午前1時13分。

「手や足の中に虫がいる気がする」

ミホさんから辻さんに、LINEが届いた。育児ストレスで体に反応が出ているのかもしれないと思った辻さんは、子育てに奮闘しているミホさんをとにかく褒めた。「だって、みんなすぐ母親を責めるでしょ」

「私のころは大丈夫だった」という過去の体験談的言葉がけは、ほぼ無意味だという。しんどくなる言葉は心で受け止めなくていい。ミホさんにはいつも、そう伝えている。

コラム

出産にかかる費用

出産にかかる費用は、年々高騰している。出産は自由診療のため、費用は妊産婦の自己負担が原則だが、負担軽減のため健康保険などから出産育児一時金が支給される。厚生労働省の調査では、2022年度の出産費用（正常分娩のみ・室料差額等を除く）は全国平均で48万2294円だった。施設別では、公的病院で約46万円、私的病院で約50万円、診療所・助産所で約47万円。2012年度が約41万円で、10年間で約6・5万円高くなっている。

子育て支援に関する提言を行う団体「子どもと家族のための緊急提言プロジェクト」（東京）が2022年4月、ウェブ調査（47都道府県、有効回答1228件）をしたところ、出産育児一時金「42万円」で出産費用がまかなえた人は、全体のわずか7％だった。かかった総額の最多は51万〜60万円（自己負担額9万〜18万円）の30・4％、次いで61万〜70万円（同19万〜28万円）の21・6％。自己負担額が19万円以上だった人は回答者の約半数を占めた。

ユニチャームのウェブサイトによると、産後の体のケアに必要な産褥ショーツや授乳用ブラジャーなどを含め、入院生活に必要なものを全部揃えると2万円前後かかるという。新生児グッズは、最も安い価格の目安で計11万円弱。また、おむつやミルクは継続的に購入が必要になる。

(4) 説教したがる「支援者」たち　あたし、ちゃんとやってるから!

エレベーターのない集合住宅の最上階。見晴らしはよいが、配置されている家財道具が最小限のせいか、殺風景といった方がいいかもしれない。

関西の地方都市に住むリカさん(25歳)は、この部屋で1歳半の息子と暮らし始めたばかりだ。ゴールデンウィーク(GW)のまっただ中、「テレビが壊れた」とリカさんから連絡をもらった辻さんが、中古テレビを入手し、食料とともに届けた。

リカさんの携帯電話は、フリーWiFiが頼みの綱だ。親子で出かける余裕はない。コロナ禍でのGWの自粛中、テレビがないと情報がとれないうえ、保育園に行けない息子の息抜きにもテレビは是非モノだった。辻さんがSNSで「すぐに使える一人暮らし用のテレビを譲ってください(画面が大きいと、子どもが危ない)」と呼びかけたら、30分以内に手配できたのだ。

テレビを設置して画面を確認後、辻さんはリカさんと台所に一緒に立った。「このひじきのパック、どうやって料理するか分かる?」

辻さんが鍋を火にかけて実演する姿に、リカさんは見入った。

暴力のある家から出てきたけれど

リカさんは北陸地方出身。子どもの頃、父親のDVに母が耐えていた。母の口癖は「お父さんに怒られる」だった。

勉強ができないと、親から叩かれたり蹴られたりした。兄は勉強できた。リカさんは「なんであんたはできないの、あんたなんか生まなきゃよかった、って言われて……。グサッときた」と言う。生まれなければよかったんだと思った。

親からの批判を避けようと、中学時代は友人の家に家出した。出会い系サイトで知り合った大阪の男性とつきあい始めた。17歳で妊娠し、高校を中退。男性を頼って一人で大阪に出てきた。

男性は優しかった、という。「今まで経験したことのなかったような優しさ。言葉は忘れたけど、オレが守る、面倒みたる、みたいな。基本優しくて、人間味があった」。具体的な人間味についてたずねると、「機嫌がわるい時に殴る、怒鳴る、足払いする。それは嫌だけど、そうじゃない時は優しくて、やっぱいいなと思う。素直に謝るし」と話した。

リカさん（左）の調理を見守る辻さん

男性も貧しい子ども時代を送ってきた、と聞かされた。1カ月2万円と住む家があれば生きていける、と言う人だった。日雇いのとび職で月25万円程度の稼ぎがあったが、家賃3万円の家のトイレは和式。エアコンがなく、妊婦の時は涼むために玄関前で身体を横たえた。

子どもにも容赦なかった。「殴らんかったらどうやってしつけたらええねん。オレが教えたらなあかん」。父親に同じ姿を見てきたリカさんは、受け入れた。

「心配なお母さんがいる」役所からの相談

リカさん一家は、見守りが必要な家族だと役所から認識されていた。

リカさんと辻さんをつないだのは、役所だった。辻さんが講師を務めた研修で知り合った子育て支援担当職員から、「心配なお母さんがいるんです」と相談があったのだ。子育て講座に現れたリカさんに、辻さんは「SNSでつながろう」と連絡先を交換。後日、お茶に誘うと、「やった!」と返信がきた。迎えに行くとリカさんのカバンには、むき出しのおむつや、フタをしていないミルクの瓶が入っていた。

辻さんは何も言わずに「子どもがいたら、買い物大変やろ。連れて行くよ」と誘った。

リカさんが「筑前煮作ってみたいんですけど」と言い出し、ニンジンを10本選んだ。

「そんなに使わへんで」と辻さん。

「そうなんですか？　作ったことないんで」

「厚揚げと油揚げの違いはわかる？」

「……」

「普段、何食べてるの？」

買い物の荷物を持って家に入り、辻さんが見たのは、男性が吸ったたばこがあふれているいくつもの灰皿と、壁についた虫。「そのときいろいろ分かりました」

リカさん一家とつながりができた。子どもの父親との関係性もできて、時折相談にのっていたが、生活がすぐに改善されるわけではなかった。

リカさんは実家の父から「お前の帰ってくる家じゃない」と言われていた。一度も様子を見に来てくれることはなかった。

男性はパチンコにお金を使っていた。光熱費などの滞納と子育てのしんどさで、リカさんの心の余裕は奪われていった。

一人で家を飛び出した。

最後の安全網まで一苦労

その後、リカさんは別のまちで、別の男性とその間にできた息子と、3人で暮らした。だが、男性の束縛が厳しかったのだという。「やっぱ限界です」と辻さんに再びＳＯＳが届いた。親子２人で家を出て、さらに別のまちの知人宅に身を寄せていた。お金も尽き、リカさんは役所へ相談にいった。シェルターや母子生活支援施設での暮らしを提示されたようだったが、その選択肢は、リカさんの希望とは違った。

リカさんのケースは、慣れ親しんでいる保育所を変えないためにも、遠方への引っ越しは避けたかった。生活保護しか手立てはないと辻さんは判断したが、役所は知人の家を出ることを生活保護申請の条件にしてきた。生活保護が決定してからの引っ越しは認めない、という態度は変わらなかった。★

生活保護で入居できる物件がなかなか見つからなかった。物件が見つかって引っ越しに必要な費用を生活福祉資金などでまかなうとしても、返済が必要なので将来的な不安が残る。辻さん側でいったん初期費用16万円を立て替え、寄付された家電や家具をフル活用した。無事に引っ越しが終わったのは、リカさんが役所に「助けて」と相談に行ってから２カ月半以上たっていた。府県をまたいだ民間支援と、運んだり設置したり実際に動く人が集まり、生活再建への第一歩が踏み出せた。

「最後のセーフティーネットであるはずの生活保護の申請にたどり着くまでが一苦労だった」と辻さんは振り返る。

あたし、ちゃんとやってるから！

辻さんはリカさんの日常の困り事のサポートを、リカさんが暮らす地域の知り合いに託した。「一つずつ階段を上っていけばいいかな」と見通すリカさんが、ある「しんどさ」について話し始めると、止まらなくなった。これまでの、そして現在進行形の、リカさんが感じる「役所のまなざし」だ。

「ぶつくさぶつくさ上から目線。落ち込む。私が育て方を間違っているみたいな言い方で、心の支えになってくれへん。どうしたらいいの？」

★1章（3）のアカリさんは、親族の家に居候していた時に、生活保護の相談に行った。夫と同一世帯であるとして、当初、母子だけでの生活保護適用はできないとされた。シンママ大阪応援団理事の小久保哲郎弁護士によれば、生活保護の要否は世帯単位で判断され、夫婦は原則として同一世帯とされるため起きる問題だという。ただし、夫婦関係が破綻していて戻る可能性がない場合には、妻の単身世帯として要否判定されるべきことになる。アカリさんのような場合はＤＶで逃げてきたことや、いずれ離婚調停などをする予定であることを明らかにすることによって、母子のみで保護を受けることができるという（「ＤＶと生活支援　寺内さんに聞く生活保護」42ページ参照）。リカさんも知人宅に一時的に身を寄せる状態だった。知人と生計を一にしていないのであれば、やはり母子のみで保護を受けることができ、いずれの場合も、「親戚・知人宅に一時的に起居している場合」として、母子で暮らすための新しい住居の敷金などや、布団・家具什器費を生活保護から支給してもらうことができるという。

「全部一人でやらなあかん。精いっぱいで心病んでるときに、いろいろ言われると、全部私が悪いみたい。子どもさえいなかったらこんなこと言われへんやろうな。でも、子どもの顔を見たらかわいい。どうしたらいいの」

「雨の日はどうやって保育園いってますか、雨の日に連れ回してないですか、公園で遊ぶ時は車に気を付けて、って。私がちゃんと見てないような言い方。いやんなる、こっちも。前の男に頼らず一人でやってきた。なんでこんなに監視されなあかんの？　私の居場所がないやん」

「私はお金の管理の仕方、知ってるんですよ。（無計画に）使ってるみたいに聞かれる。あといくらですかって。節約してご飯つくってるんです。1万円を財布にいれて、期間決めてやりくりしている」

「私、悪いことした？　子育て支援課が毎日のように電話してきて。寒い日はジャンパー着ましょう、ゴールデンウィークは何しますか、水分取ってくださいね、暑い日は水分補給しましょうって、バカにしてんの？　そんなアホじゃないわ」

「エアコンないけど夏場はどうするんですかって、なんでいま聞くの？　じゃあ付けてよ。そうやって精神的にこっちが参ってしまって、虐待が起きるんじゃないんですか」

「お金あるんですかって。おむつ買ってきたらどうですかって。それやったら持ってくるとか、なにか手助けしてよ」

「褒めてくれたらいいのに。できてるね、えらいね、と言って欲しい。何か私が間違ってんのかな、だんだんしんどくなってくる」

「あたし、ちゃんとやってるから！　心配なら家に見に来て！」

役所側が正確にどう言ったのかは分からないが、少なくともリカさんにはそう聞こえている。辻さんもうなずく。「傷つく言葉をさらっと言ったり、個室での相談が取り調べのようだったり。『大丈夫ですか』という聞き方だと、だいたいは『大丈夫』と答えてしまい、役所は大丈夫だと判断するけど、もっと人を人として見て欲しいんですよ。相談に来た人は、『対象者』ではなくて、人なんです。しんどい親は対象として見られると、警戒して心を閉ざします」

「やっと普通の生活が分かってきた」

ひとしきりしんどさを吐きだした後、リカさんは「最近やっと普通の生活が分かってきた」と話した。「これなら生活できるかもって。みんなのおかげで家を借りられた。ずっと緊張した生活だったけど、今はぼけーっとできる。昔は心の余裕がなくて人間恐怖症だった。今は外に出たいと思う」

リカさんは仕事をしようと何度も面接に行ったが、子どもが熱を出した時の対応で採用まで届かない。

「辻さんはお母さんみたいな感じ。相談しやすい。話をうんうんと聞いてくれて、たまに怒ってくれる」「(辻さんが紹介した)ここで助けてくれる人は、すれ違うときに笑顔で手を振ってくれる。友人としてつきあってくれるし、元気をもらえる」

電気が止まらない。ガスが止まらない。水道が止まらない。緊張せずに過ごせる。心に余裕ができると子育てが楽しい。そう全身で表現するリカさんをみて、辻さんは「安心安全な環境になって明らかに成長している。指導型支援は、時に頑張っている人を追い詰める。そんなことを彼女から学んだ。彼女が幸せで、私も幸せ」と言う。

生活保護を受けてから2年が過ぎた。辻さんのもとにリカさんからSOSは届いていない。代わりに、年1回、辻さんの誕生日にメッセージが届く。成長の証しだと思っている。

コラム 「ほかの大人とちがうところ」
子ども・若者が残す言葉

辻さんらの支援の輪に包摂された子どもや若者は、個人として守られ、安心した後、独特の洞察力にもとづく言葉を残していく。写真は、「♡ゆきちゃんらと、ほかの大人のちがうところ♡」というタイトルで、ある若者が作った表。

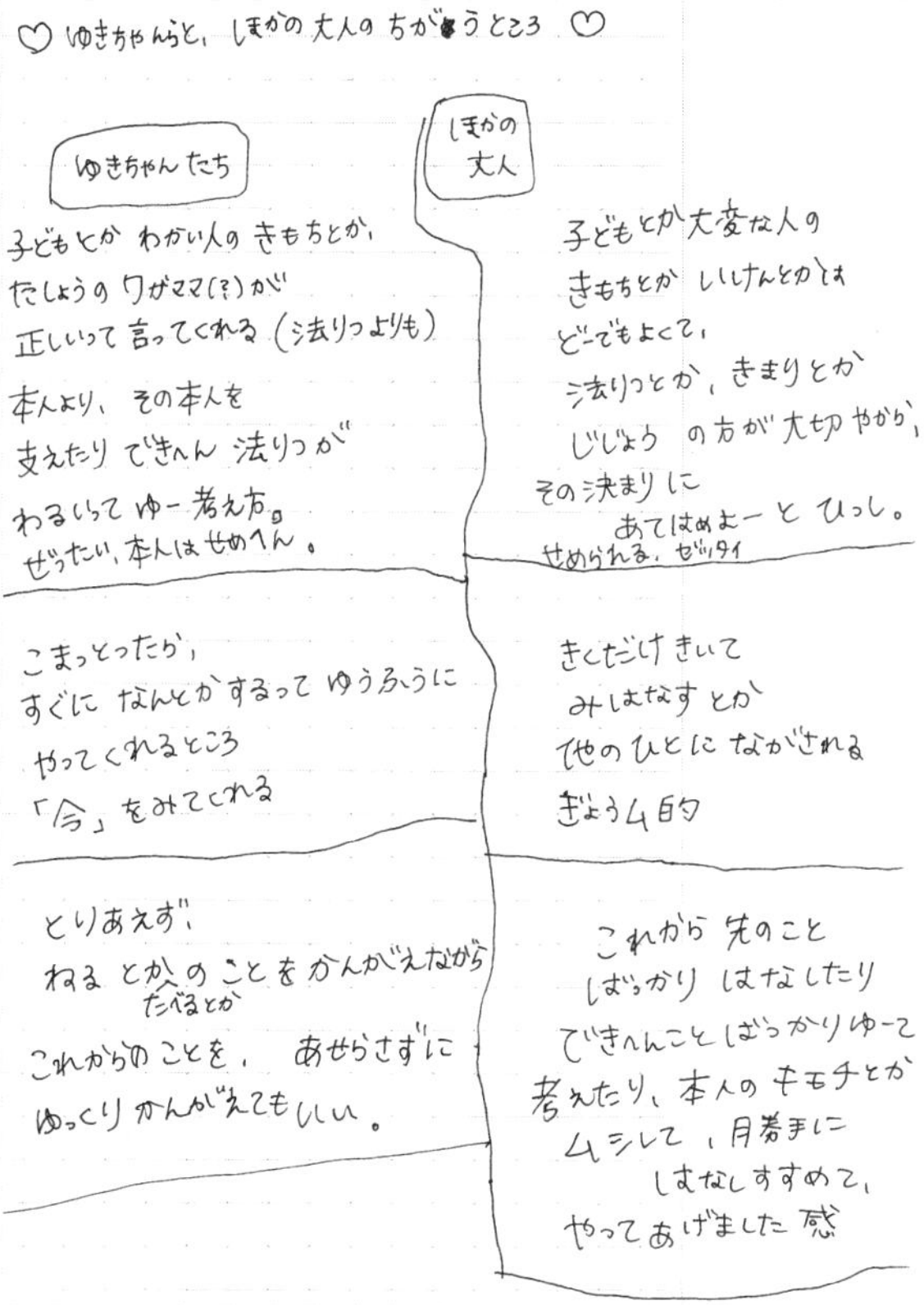

♡ゆきちゃんらと、ほかの大人のちがうところ♡

ゆきちゃんたち	ほかの大人
子どもとか わかい人の きもちとか、たしょうの ワガママ(?)が 正しいって言ってくれる(法りつよりも) 本人より、その本人を 支えたり できへん 法りつが わるいって ゆー考え方。ぜったい、本人はせめへん。	子どもとか大変な人の きもちとか いいけんとかは どーでもよくて、法りつとか、きまりとか じじょう の方が大切やから、その決まりに あてはめよーと ひっし。せめられる、ゼッタイ
こまっとったら、すぐに なんとかするって ゆうふうに やってくれるところ 「今」をみてくれる	きくだけきいて みはなすとか 他のひとに ながされる ぎょうム的
とりあえず、ねる とか(たべるとか) 今のことをかんがえながら これからのことを、あせらさずに ゆっくりかんがえてもいい。	これから先のこと ばっかり はなしたり できへんことばっかりゆーて 考えたり、本人のキモチとか ムシして、勝手に はなしすすめて、やってあげました感

（5）妊娠6カ月、子連れ、家がない

大阪府内の公立定時制高校に、生後3カ月の赤ちゃんと3歳の息子を連れたシングルマザーのトウコさん（24歳）が現れた。辻さんが講師を務める「幸せになるための恋愛・人生講座」に、等身大の事例としてゲスト登壇した。

辻さんの講座は、現役高校生に「受援力《じゅえんりょく》」を知ってもらうのが目的だ。受援力は、他者に助けを求め、快くサポートを受け止める力のこと。辻さんは、自分を傷つける人とは自分で距離を置き、自分を大切にしてくれる人のところへ自分で行くことの大切さを伝えようとしていた。

トウコさんは、独特のファッションとメイクで現れた。

「タトゥーを入れるのは、親が嫌いなことやから。復讐でやったろ、と思いました」

「子どもと二人きりが不安で、とりあえず誰かそばにおって欲しかった」

堂々と自分の経験を語った。少し前の様子とは、正反対だ。

授業の半年前、「生」を授かった身体で、頭の中は「死」がよぎっていた。一人で出産することと、家を失うことが確定していた。

檻みたいな実家

トウコさんは、実家について「檻みたいだった」と表現した。親から暴力を受け、小学生の時に、児童相談所による一時保護を経験。中学生時代には、「このままでは自分が親を殺してしまう」とみずから警察に出向き、保護された。

児童養護施設で暮らしたあと、高校進学後に一度実家に戻った。学費や交通費を親は負担してくれない。しかし、親に一定の収入があるために学費は免除されなかった。朝はシール貼りや梱包の倉庫内作業、夜はガソリンスタンドで働き、昼は学校で学んだ。

結局、親とはうまくいかず、家出し、知人を頼って隣の県へ移動した。トウコさんはとにかく働いた。朝はうどん屋、夜は居酒屋とスナック。

交際していた男性の子どもを妊娠した。その先で行き詰まった。健康保険証がなかったのだ。役所に相談に行くと、国民健康保険に加入するには社会保険を抜けた証明書が必要、と説明を受けた。トウコさんは父親の社会保険に入っていたが、父親と話せる状態ではなかった。役所に事情を説明しても受け付けてもらえなかったため、妊婦健診は未受診だった。

出身の児童養護施設に相談した。妊娠や出産で不安を抱える女性のための無料相談窓口「にんしんＳＯＳ」の存在を教えてもらった。相談の結果、保険証の件が解決し、妊娠８カ月で母子健康手帳が交付された。

役所には「悪い印象」

出産2日後、役所の子育て支援担当職員が、子どもを施設に預けるようにと、施設のパンフレットを手にトウコさんのもとを訪れた。「働いて、お金が貯まってから、一緒に暮らしたらどうか」と勧めてきた。

確かにトウコさんは経済的に困窮していた。妊娠8カ月まで働いた後、仕事をやめると家計が回らなくなった。ガスや電気代を滞納し、食に窮したこともあった。子どもの父親には多額の借金があった。

また、未婚の出産で、子どもの認知がまだだった。出産後は近隣自治体にある彼の実家で同居予定だったが、そこは両親ときょうだいとその子どもたちが暮らす2LDKの集合住宅だった。

だが、トウコさんは男性と別れるつもりがなかった。子どもを父親から離したくなかった。親子3人で暮らせることを望んだ。そうした希望を役所に伝えた。「役所の人は聞く耳を持ってくれませんでした。子どもと親を引き離す前提で話をされた。どうすれば幸せに暮らせるかを一緒に考えてくれなかったことが、とても悲しかった」

「子どもの最善の利益」を検討した結果の「施設」と考えることもできるが、問答無用だと感じたトウコさんには、悪い印象しか残らなかった。「役所ではこういう扱いされるんだ」。赤ちゃんを連れて彼の実家へ引っ越して以降、役所に一切相談に行かなかった。

「それ、DVやで」

トウコさんは、出身の児童養護施設から成人式の誘いを受けた。

施設を巣立った後、振り袖や美容院代を用立てできず、成人式に参加できない元入所者らがいる。そうした事情を知った施設職員が、大阪府内で子ども家庭サポーターとして活動する辻さんに相談し、2016年から「成人式プロジェクト」を実施している。美容師やカメラマンら、着付けやヘア、メイク、ネイル、写真が得意な「おせっかい」ボランティアが、若者を成人式に送り出す。振り袖や草履、カバン、ショールなどは全て寄付で集まる。

辻さんは「チームおせっかい」のメンバー。毎年、新成人が目の前でどんどん美しくなっていく姿に感動している。ある年、その輪の中にトウコさんがいた。

トウコさんのスマホには、彼からのLINEが「鬼のように」来ていた。「男と遊んでるやろ」と監視するような内容だった。スタンプが100回以上連続して送りつけられたこともあった。トウコさんは嫌悪感よりほとんどあきらめの境地でいたが、初対面の辻さんに、「それ、おかしいで。DVやで」と指摘された。

「やっぱりおかしいんだと思いました。居場所がないから働きづめで、必死すぎて相談する発想にいたらなかった」

トウコさんは成人式プロジェクトをきっかけに、辻さんとＬＩＮＥでつながり、一から相談するようになった。

逃げて、妊娠して……住まいがない

息子が１歳になるまで男性と一緒に暮らしたが、子どもの認知はされないままだった。逃げるように子どもを連れて家を出て、大阪の母子生活支援施設に入った。化粧品の梱包や検品の工場で働き、暮らしを立て直した。

新しいパートナーと出会った。交際中、子どもを可愛がってくれた男性と暮らすため、施設を出た。３人暮らしが始まると、男性が子どもに強く当たるようになった。

もうだめだ……。そう思った矢先、妊娠に気付いた。「じゃあオレ、頑張らんとあかんな」というパートナーの言葉は、実行に移されなかった。男性の携帯や家賃を支払う人はトウコさん名義になっていた。借金を背負った。

一人での出産を控え、子連れで家を探すのが大変なことくらい、トウコさんも分かっていた。だが、家の退去は１カ月以内に迫っている。

少しずつ状況を聞かされていた辻さんは、明るく振る舞いながらも「死にたい」と漏らすトウコさん親子の行き先確保に動き出した。「料理が上手で、子どもをかわいがる。けど、頑張り方が分からない彼女が安心して出産・育児できる環境は……」
辻さんの頭のなかに、ある一人の女性の顔が浮かんだ。

「安心しておいで」

大阪で30年以上、母子生活支援施設で母子支援に関わってきた廣瀬みどりさん（１９５７年生まれ）。辻さんは、廣瀬さんが施設長時代からの付き合いだ。「理詰めではなく、お母さんの話をふんふんと聞いていくことが大事。そうすると、自ら自分のことを話してくれる」という廣瀬さんの姿勢に、全幅の信頼を置いていた。

トウコさんの住まい探しをしていた時、廣瀬さんはすでに施設長を退職し、大阪市平野区の社会福祉法人「大念仏寺社会事業団」で、産前・産後の母子支援の責任者に就いていた。大阪市が２０２０年10月、貧困などで孤立し、行政の支援制度につながりにくい妊婦に、生活の場を提供して産後までサポートする「産前産後母子支援事業」を始め、同法人が市の委託を受けて、実際に妊婦の伴走者となって支援する「ボ・ドーム　ダイヤモンドルーム」を開設した。施設内に専用室が提供され、親子で住みながら、育児や仕事、自立の相談にのってもらえる。

辻さんの紹介で、トウコさんはダイヤモンドルームに入ることになった。子連れで、お金がなく、直接施設に足を運べないトウコさんのために、辻さんが同法人を訪れ、ビデオ通話で、廣瀬さんと事業団理事長の杉田善久さん（１９４８年生まれ）と顔合わせした。

声は明るいが、不安を隠せないトウコさんに、杉田理事長が呼びかけた。

「簡単ですやん。まずうちきて安心することやん。みなでケアしますよってにね。なんとかなりますよってにね。一人で悩まんでも、なんとかなりますねん」

「パートナーもだいぶ吟味してもらわなあかんね。ズバリ言うたる人も必要だ」とユーモアも交ぜた。

トウコさんはビデオ通話での理事長の言葉を思い出し、じわっと込み上げるものを感じる。恐怖と不安、子どもへの罪悪感で精神的に参って、死を考えてしまっていた。

妊娠６カ月、トウコさんは荷物を運び込んだ。「『安心しておいで』と言われた経験は初めてで、嬉しかった。ビデオ通話での言葉に、心から救われて今がある。ほんと、感謝しかないです」

相談できたことをリスペクト

児童養護施設での成人式プロジェクトが、トウコさんの居場所確保にまでつながった。辻さんは「やってみてわかったのは、成人式プロジェクトはアフターケアにつながるということ。よってたかっておせっかいをしたおばちゃんたちと彼女たちがＬＩＮＥ交換をした結果、トラ

コラム

特定妊婦

特定妊婦は2009年、児童福祉法に明記された。予期せぬ妊娠やDV、貧困、若年妊娠、孤立などの理由で子育てが難しいため、出産前から支援が必要だと行政に認定される妊婦のこと。自治体に登録されると、関係機関の支援が始まる。

特定妊婦は年々増え、厚生労働省によると2020年は8327人だった。2010年は875人で、10年で約10倍増。認識の高まりで把握できるようになったとの指摘があると同時に、把握されていない妊婦も一定数いると言われている。

「ボ・ドーム　ダイヤモンドルーム」での2020年10月〜2023年2月の相談件数は、計528件。内容では、妊娠不安が最も多く、予期せぬ妊娠、経済困窮、生活不安、中絶が続いた。10代の相談者が増えている傾向にある。出産した事例は40人で、住まいの提供は26人だった。

廣瀬さんは、「実家のような柔軟な支援が必要だと分かった」と言う。役所への手続きや、引っ越し準備、買い物同行や調理支援、子どもの預かりなどだ。部屋で洗濯物を干しながら、話を聞くこともある。妊娠前から生きづらさを抱え、不安定な環境に置かれている女性にとって、実家のように甘えられる環境が、妊娠に対して前向きになり、「女性自身が変わるチャンス」になり、気持ちや身体の緊張感をほぐし、援助を求めることができるようになるという。

廣瀬さんは、「甘やかされた時期があってこそ、自立への道へ向かえる」と話す。

ブルが大きくなる前に相談してくれた」と振り返る。

「トウコは相談できたこと自体、えらい」

ただし、と付け加えた。「ここがあるから救われる、という正解はどこにもない。私に救われたっていうのは違うよ、といつも伝えています。その都度、最善のものを選び、途中で軌道修正する。人はそこで成長していく。人間だから気持ちも変わる。人がやることに完璧はありません」

⑹ 困窮するふたり親の苦悩

「電気が止められる！」

これは悪夢だ。大阪府内に住むサヤカさん（39歳）は、世帯年収が600万円あった2年前までのことを思い出しながら、気持ちを落ち着かせようとした。だが、現実は待ってくれない。コロナ禍、ママ友ネットワークで知り合いだった辻さんと偶然話す機会があった。コロナの影響は一瞬だと信じて「いま頑張れば」「なんとか耐えれば」と抱え込んでいたものが、一気にあふれ出た。

事情を聴いた辻さんは「すぐに行く！」と応じた。米やオムツ、ミルクなどの物資を届けた。

サヤカさんがやせ細っていくのを目にして、何十回と運んだ。

0歳児に水与えしのぐ

ふたり親で低所得の子育て世帯への支援は、相対的に手薄だ。ふたり親の場合、「両親がいれば何とかなる」と見られがちで、ひとり親や生活保護の世帯、児童養護施設の子どもたちを対象にした従来の支援制度のはざまで放置されてきた。

リヤカさんは、夫と1歳から小学生まで4人の子どもの6人家族。自営業の夫と講師業のサヤカさんの収入で暮らしていた。しかし、夫が体調を崩し、仕事ができなくなった。コロナ後、サヤカさんも教室を開けず、収入が途絶えた。

夫が別の仕事で再起を図った。しばらく順調だったが、感染拡大の影響が直撃した。さらに、感染拡大防止の協力金・支援金の対象から外されたことが、追い打ちをかけた。その年の収入は約200万円。母子家庭の平均就労収入と同水準だ。生活費を借りられる「緊急小口資金」を利用したが、1食で米5合がなくなる家庭では、「ないよりまし」という程度だった。「おなか減った」「お魚食べたい」「お肉食べたい」と話す食べ盛りの子どもたちに、応えることができない。

現金を得るため、売れそうな持ち物は何でも売った。当時0歳だった末っ子のベビーカーをリサイクル店で売った。辻さんからミルクを分けてもらうまで、牛乳を煮沸して飲ませたり、お茶やお水を飲ませたりして、命をつないだ。ミルクは安くても1缶1500円。「結構高い。母乳さえ出れば問題ないのですが……。本来なら牛乳は1歳すぎてから飲ませるのが一般的で、離乳食も進んでない子に牛乳を飲ませるなんてあり得ないことだった。とても悩みながらあげました」

子どもたちのオムツは、紙製品の購入制限があった時期、一日何カ所もドラッグストアを回って集めた。その度、買いだめは御遠慮くださいと言われた。オムツのような消費財はいくらあっても足りなかった一方、自分の生理用品を買うことはできなかった。子どもには事情を話し、習い事をいったん辞めてもらった。

借金条件の支援金、「不合理」

ヒリヒリしながら暮らす中、住民税非課税のふたり親世帯にも、国から子ども1人あたり5万円が支給されるニュースが飛び込んできた。子どもの貧困に取り組む支援団体が、低所得のひとり親向けに、進学や進級で費用負担が増える4月に合わせて給付金の支給を求めるとともに、低所得のふたり親も対象とするよう政府に要望していた。サヤカさんは「私たちを拾ってくれる人がいたんだ」と喜んだ。

だが、入学シーズンを過ぎ、ゴールデンウィークを過ぎても手元に給付金が届かない。住民税非課税世帯かどうか、各自治体は前年の所得をもとに判断するため、支給は税金の情報が確定する6月以降になるという。コロナで収入減や失業などで困窮する世帯向けの総合支援資金の貸し付けは、申請書類を提出してから支援が始まるまで1カ月以上かかった。電気代を払え

コラム

ひとり親より多いふたり親家庭の貧困

低所得の子育て世帯への支援は、ひとり親家庭を中心に展開されてきた。子どもの実数としては、ひとり親世帯より、ふたり親の貧困世帯のほうが圧倒的に多い。労働政策研究・研修機構の周燕飛さんの推計によると、ひとり親貧困世帯の子どもは約78万人で、ふたり親貧困世帯の子どもは約192万人（2016年）。貧困児童数の7割以上は、ふたり親世帯が抱えている。ふたり親の構成割合が大きいためだ。

また、東京都立大学の阿部彩さんが2022年の国民生活基礎調査から推計した結果、ふたり親のうち、親1人が「正規」だと貧困率は比較的に低いが、親2人の組み合わせが「非正規・自営と正規以外」の場合で貧困率が突出して高いという。

ると思ったのに、がっくりきた。

生活困窮世帯向けの支援金（3カ月で最大30万円）も発表されたが、もらえない。対象は、緊急小口資金などの特例貸し付けが上限額（200万円）に達した人らだ。「30万円給付の条件が、返せるあてのない借金だなんて不合理すぎる。支援金をもらっても、もらわなくても地獄です」

サヤカさんは定期的に辻さん側から食料や日用品の支援を受け、貸付金など様々な申請書類の相談にのってもらっている。辻さんと会うときは最初に「お互い生きてたね！」、別れ際は「次も生きて会おうね」が挨拶になった。

残ったままの根本的問題

親が1人でも2人でも、子どもにとって生活が苦しいという事実は同じだ。親の人数に関係なく、困っている子どもに光を当てたという点で低所得のふたり親世帯への支給は「歴史的」と評価する声がある。だが、実態に合った平時の支援がない、という根本的問題は残ったままだ。

サヤカさんは、「スーパーで『ママお金大丈夫？』と子どもに聞かれる時の切なさと言ったら……。そんな生活をしたことがない余裕のある人が、制度を考えているのでは」と焦りといらだちを募らせる。詳しく事情を知らない人から、離婚してひとり親支援を受けることをすすめられたが、そのつもりはない。

第4章　なかよしの他人を増やす

(1) 相談ではなく雑談から　シェアハウス@公営住宅

「ずーっとずーっと帰れる家が欲しかった。人を頼ること、甘えること、そんなのは後まわし」

辻さん宅で一時暮らしたことのある若年女性の言葉だ。

3章(2)～(5)のマコさん、ミホさん、リカさん、トウコさんも、住まいの不安定さを強いられていた。家はあっても安心できる場所ではなかったり、知人宅やネットカフェを転々としたり、簡易宿泊所に滞在したりするのは、広義のホームレスだ。一方、日本ではホームレスの定義が非常に狭い。「ホームレスの自立の支援等に関する特別措置法」は、「都市公園、河川、道路、駅舎その他の施設を故なく起居の場所とし、日常生活を営んでいる者」と規定し、路上生活者に限定している。

欧米では早くから、路上生活者に加え、知人や親族宅に宿泊している人や福祉施設に滞在している人、家庭内に暴力があり安全に暮らせない人、狭い家に過多な同居人がいたり薬物中毒の危険が身近にあったりして安心して暮らせない人なども含んで支援が広がってきた。もし日本で、屋根があるという意味だけではない「家」が必要な人を対象に含めれば、相当な数にのぼるだろう。

厚生労働省が２０２３年１月に実施したホームレスの実態に関する全国調査（概数調査）では、全１７４１市区町村のうち２３４市区町村でホームレスが確認された。人数は計３０６５人で、男性が２７８８人、女性が１６７人、不明（目視による調査のため防寒具を着込んだ状態だったことなどから性別を確認できなかった）が１１０人だった。前年調査より３８３人減った。

また、「ホームレスの実態に関する全国調査」（２０２１年11月実施、有効回答１１６９人）によれば、平均年齢は63・６歳（前回比＋２・１歳）だった。これらの調査から分かるように、圧倒的に男性が多く、高齢化が進んでいる。

辻さんの目の前で起きている現実は、国の調査からは浮かび上がってこない。

「支援がないなら、みんなで作る」と、2021年9月、辻流自立支援メニューに加わったのが若年女性のためのシェアハウスだ。

シェアハウスで自立支援

家族の暴力や貧困など様々な事情で安住できる家がない10〜20代女性を対象に、大阪府営住宅を使った初のシェアハウスが茨木市内に開設された。市と地域住民、不動産業者の連携で実現した。女性の自立を支援し、公営住宅の空室対策も兼ねる取り組みで、他の自治体への広がりが期待できる。

シェアハウスは3LDK（約70平方メートル）で、3人での共用を想定。4・5〜6畳の3部屋を個室として使い、16畳のLDKや風呂、トイレを共用する。家賃は光熱水費やネット通信料など込みで1人月2万5千円。ベッドや家電は備え付けられ、敷金・礼金、保証人が不要で即入居が可能だ。

辻さんは、シェアハウスの開設を主導した一人。住む家がない10〜20代の女性を支援してきたが、自立を妨げる大きな要因の一つが「住所」がないことだった。役所の手続きや就職活動など、自立への一歩を踏み出すことが難しくなる。

住む家がなく、友人や男性宅を転々とするうちに妊娠したりトラブルに巻き込まれたりして

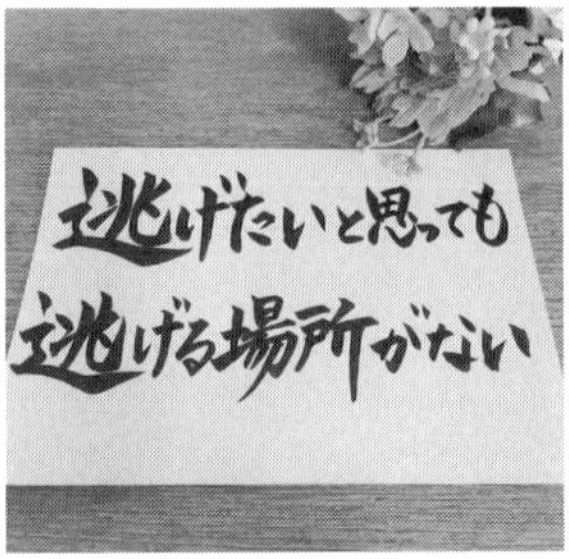

辻さんとつながった若者が書き残したメッセージ

困窮した女性は、貯金がなく保証人もいないため、賃貸住宅を借りられず住所をつくれないことが多い。

「身分証がない子は生きていけない」と訴える辻さんに反応したのは、兵庫県尼崎市に本社を置く不動産業者「アドミリ」の菊竹貴史社長だ。２００８年からシェアハウス事業を始め、大阪や兵庫などで、一般向けのほか、シングルマザーや外国人、被災者らのシェアハウスも展開する。

２人が専門家を交えて協議してたどり着いたのが、府営住宅の「目的外使用」だった。府営住宅は原則、高齢や障害などの理由を除き単身者は入居できない。目的外使用は、空室活用のため住居以外にも使えるよう国が承認する制度だ。府内では、障害者のグループホームや介護を学ぶ外国人技能実習生らの寮、子ども食堂などに約６００戸が使われている。シェアハウスは、茨木市の後押しを得てこの枠組みを利用した。

アドミリが、年約60万円の使用料を払って府営住宅を借り受け、居住者に貸して家賃を受け取る。居住者は、家賃負担を抑えて家を確保し、支援者や市の手助けを得ながら自立を目指すことができる。

実際に、児童養護施設退所者やネットカフェで転々としていた高校生らが入居した。辻さんは「若い女性が自立しようとしても行政の支援の選択肢は少なく、施設に入るか生活保護を受けるしかなかった。入居しやすく安心して暮らせる場ができたのは大きな一歩」と言う。この取り組みは、「府営住宅資産を活用したまちづくり事例集～地域の活力・魅力の創出に向けて～2022年度版」に取り上げられた。

新たな居住福祉のモデル目指す

2023年2月、辻さんはもう一歩踏み込んだ。

同じ府営住宅の空き部屋を活用して、経済的な困難を抱えている学生などに住まいを提供し、地域とのつながりも持ってもらえるシェアハウスを、辻さんが代表の市民ボランティア団体「シェアリンク茨木」が6戸開いた。うち5戸には1戸につき学生が3人ずつ入居できる。家具は備え付けで、光熱費や通信費などを含めた家賃は月3万5千円。周辺の物件と比較して安く抑えた。

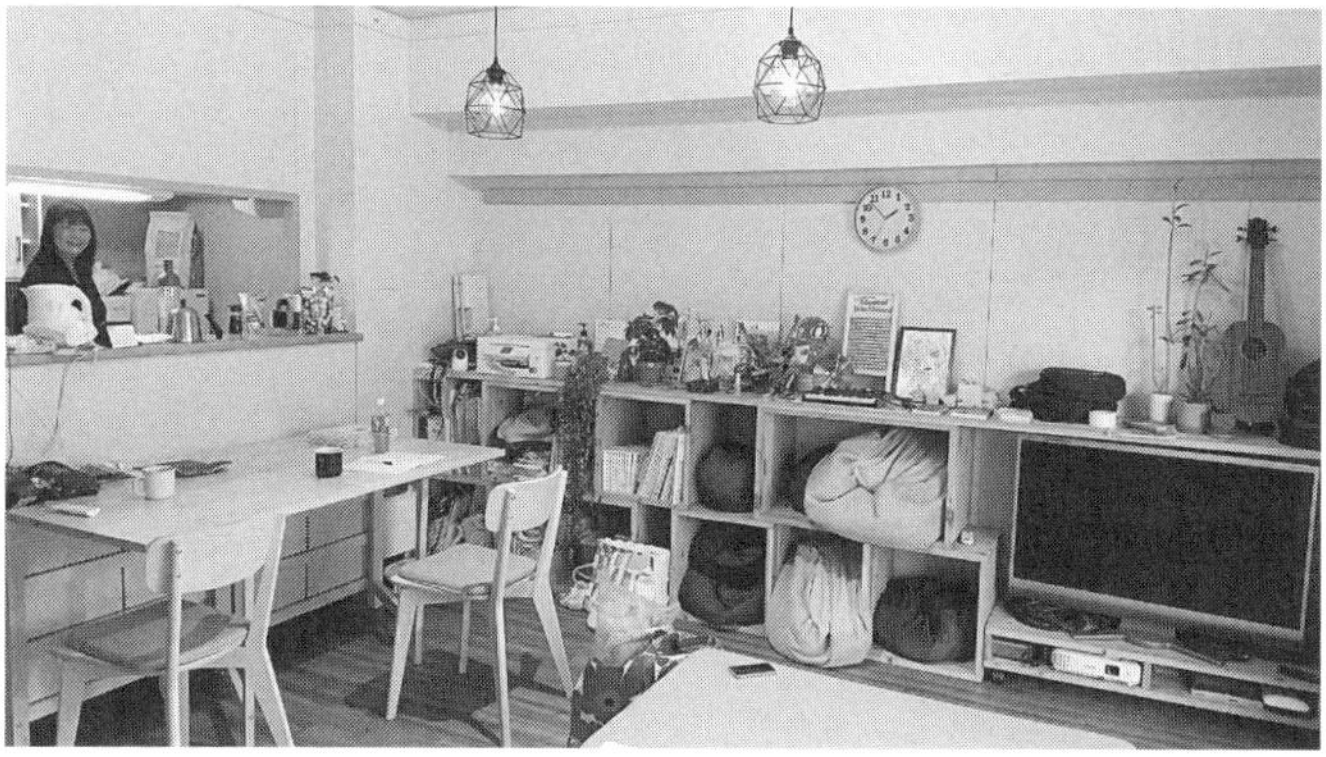

シェアハウスのコミュニティールーム

1戸は「コミュニティールーム」とした。入居の学生が地域の小学生に勉強を教える「宿題カフェ」や、ママたちが息抜きのおしゃべりなどを楽しんだりする地域住民との交流や、学生の就労支援や相談、一緒に食事をとる場として活用している。これを機に、計7戸はシェアリンク茨木が府から借りる運用にし、民間団体による公営住宅を使った居住福祉事業になった。3年間で国や自治体で政策化・制度化を目指す新たな「モデル」となり得る事業として、22年度の独立行政法人福祉医療機構（WAM）の助成金に採択された。

注目すべき点は、法人にしなくても運営できる実例をつくったこと。「目の前の困り事にすぐに走れるのは、市民同士だからです」と辻さんは言う。今後、人口が少なく社会資源が少ないまちでも、空き家活用などで地域に応じたメニューを組み立てていける可能性を広げた。

「住まいは人権」時代に合った政策に

シェアハウスの取り組みから見えたのは、住所があると福祉行政とつながりやすいということだ。実家と世帯分離をして新たな人生のスタートをきることができる。住所がなければ就職活動や保育園の申し込みも難しくなる。また、世帯単位が原則のシステム下では、世帯主に支援が届く。つまり、保護者を頼れない若者には支援が直に届かない。また、学生は働けると思われているため、公的な支援が乏しい。

一時保護やシェルターへの入居という手立てもあるが、保護者の視点にたつと、子どもの保育園や学校、自分の仕事などを一旦リセットすることになるので、選択しにくい。中高校生の立場からすると、自由のない一時保護や施設をためらうケースもある。スマホの使用制限を課す施設もあり、若者には酷だ。そうしたことから、友人関係や進路を優先して、環境を変えることができない人がいる。

家庭という閉じた空間で緊張や葛藤が膨張し、行き場を失う若者が、シェアハウスに出入りすることで、家という場の確保だけではなく一緒に自立を考えてくれる人に出会える。その際重要なのが、「相談ではなく雑談から」なのだという。

「食事の時間に、誰も怒鳴らないんですね」とシェアハウスでつぶやいた学生がいた。「(自分にとっての)当たり前は、他の家庭の当たり前ではない」ことに気付かない子らが、多様な価値観の人と食卓をともにしたり、勉強したりするうちに、少し先のことについて具体的に考えることができるという。

3章のマコさんら4人の女性は、細い糸をたぐり寄せて辻さんとつながり、家を確保したが、はたしてそのような偶然に任せきりでいいのだろうか。辻さんは「時代にあった居住福祉政策が必要で、今、改めて必要な考えは、住まいは人権ということ。住宅政策のカギを握る国土交通省の関わりが必須だ」と指摘する。

(2) 性教育は「究極の人権教育」@公教育

居場所がない子どもや若者たちと関わってきた辻さんは、「問題の根っこは一つ」とみる。満たされない心を何かで埋めようともがきながら、適切な方法を知らないことから負のスパイラルに陥り、その先にDVや虐待、自傷行為などがあるという。助けを求めることをあきらめ、「沼」から抜け出せなくなっている。「対症療法では救われる人が限られる。根本的解決策が広く伝わり、実践されるにはどうしたらいいのか」。この問いと格闘する中、2016年、一つの転機がおとずれる。

同年夏、大阪市生野区の職員向けセミナーで、辻さんは「すべてのこどもの安全と希望の実現のために――子どもの貧困の現状とその対応について」を講演した。辻さん自身の子育ての経験と、支援してきたシングルマザーや若年女性らの赤裸々な実態を話した。講演終了直後、同市立生野南小学校の教諭小野太恵子さんが辻さんに駆け寄ってきた。

「学校に何かできることはないですか。私らにもできること、させてください」

「じゃあ作戦を練ろう」と応じた辻さんと、そのまま区長や担当職員と話し込んだ。

同小でも、根っこが同じ課題を抱える子どもたちと日々、向き合っていた。

「生きる」教育、根本的解決の試み

生野南小学校がある生野区は、全国平均より生活保護率が高い大阪市の中でも、保護率が高い（２０２３年３月全国１・63％、大阪市４・76％、生野区２０２２年度平均６・94％、大阪市ウェブサイト「生活保護の適用状況など」より）。なお、大阪市ではバブル経済崩壊後にやや遅れて生活保護受給世帯が増加に転じ、２００８年秋のリーマン・ショックを契機に急増。２０１２年度にピークを迎えてからは継続して減少傾向にある。

生野区の総人口の約２割が在日コリアンなど外国籍。生野南小の児童の約１割は地域にある児童養護施設から通っているという。

複雑な社会経済的背景を抱える子どもたちの学校では、かつて子ども同士の暴力が相次いでいた。２０１１年度に教頭として赴任し、２０１８年度から校長を勤める木村幹彦さんは、次のように振り返る。

「激しい暴言暴力、器物破損、授業離脱、教師への反抗のほか、教師を辞めさせたと豪語する児童がいるような状況でした。施設から通っている5年生の児童が他の子に暴力をふるって、その児童が逃げ回るので追いかけた。追いついたら、いきなり土下座してごめんなさいって言うんです。小学5年で土下座して先生に謝るって、一体どんな過酷な人生を歩んできたんだろうって。これは並大抵のことじゃないと思いました」

根本的解決の試みが始まった。ポイントは、国語科教育と性教育だ。「暴れる」力で自己表現していた子どもたちの心が、人に伝えたい言葉でいっぱいになるよう、物語文や説明文などを読み、人の心を想像し、話し合える国語の授業にしていった。

性教育は、自分の心と体を知って大切にすることや、他者との適切な関係づくりや人とつながる力を身につけることなどを、「生きる」教育として展開。２０１６年度、小野さんらが中心となって、発達段階に応じた６年間のプログラムの原型ができた。２０２０年には校区の田島中学校で３学年分のプログラムが作成され、小中一貫９年分のカリキュラムができあがった。

授業づくり、現場から逆算

具体的内容は、『生野南小学校教育実践シリーズ第１巻「生きる」教育　自己肯定感を育み、自分と相

	学年	単元名
生野南小学校	1年	たいせつな こころと 体　～プライベートゾーンを学ぶ～
	2年	みんな むかしは 赤ちゃんだった　～いのちのルーツをたどる～
	3年	子どもの権利条約って知ってる？　～今の自分と向き合う～
	4年	10歳のハローワーク　～ライフストーリーワークの視点から～
	4年	あつまれ！ いくなんの星☆　～考えよう　みんなの凸凹～
	5年	愛？ それとも支配？　～パートナーシップの視点から～
	6年	家庭について考えよう　～結婚・子育て・親子関係～
田島中学校	1年	脳と心と体とわたし　～思春期のトラウマとアタッチメント～
	2年	リアルデートDV　～支配と依存のメカニズム～
	3年	社会の中の親子　～子ども虐待の視点から～

（生野南小学校教育実践シリーズ第１巻「『生きる』教育」13ページの単元一覧より筆者作成）

手を大切にする方法を学ぶ』（西澤哲・西岡加名恵監修、小野太恵子・木村幹彦・塩見貴志編、2022年、日本標準）に詳しい。そちらを参照されたい。

小野さんは、「生きる」教育の出発点を次のように振り返っている。

健全な愛着形成がなされていれば、心に大切な人が棲むことで自立がかなう。しかし、これがうまくいっていない場合、時に「支配・被支配」「束縛」「依存」の関係を愛情として錯覚してしまう。ただ愛情が欲しいだけなのに、違うものばかりを追い求め、傷ついてしまう。望まない妊娠やDVは、避妊の方法やDVの定義といった知識のみを教えても少なくはならない。出会ってきた教え子たちに、悲しい人生を送ってほしくない。では、学校として何ができるのか。（同書12ページ）

もう一歩踏み込んだ何かが必要だと探っていた時、辻さんの講演を聞いた。居場所を失った女性の現状や若い母親の子育ての苦労など、データや法律、政策を織り交ぜた話に、頭がくらくらしたという。小野さんは「孤独と性は表裏一体、本来命の源である性が人生の影となる。同じ道を歩むかもしれない児童の顔が次々と思い浮かんだ」と言う。特に、痛烈に耳に残ったのが、辻さん自身の経験でもある「子育てについて教えてくれる人が誰もいなかった」という言葉だった。

その後の授業づくりは、きれいごと抜きのリアルな性の危険を辻さんから聞き、そうならないために何を教えるかを逆算していく、という連続だった。その作業を、辻さんは「ぶつかり稽古」と表現する。

また、公教育で実施する以上、どの子にも深い学びとなるような内容が求められる。その点について、小野さんは「心身の貧困や虐待の連鎖を止めるのは、逆境体験のある子どもたちだけではない。すべての子どもたちが友達や社会に目を向け、嬉しいことも悲しいことも他人事ではないと思えるように育てていく必要がある」（同書16ページ）と説明する。

こうした過程で、辻さんが常に気にかけていることがある。政治家による性教育バッシングだ。ここでも、辻さんは独自の動きを見せてきた。

大阪市立生野南小学校で、子どもたちに語りかける辻さん

飛び込んだ保守派の輪

国内では、1992年が性教育元年と呼ばれ、小学校から性を本格的に教えるようになった。しかし、2000年代に入り、主に保守派の政治家やその関係者らによって性教育バッシングが始まり、現場は萎縮した。

府内トップ級の進学校を卒業して18歳で結婚、19歳で出産した辻さんは、暴力を振るう夫と23歳で離婚。子育てに苦闘した。大学の通信制で幼児教育や社会福祉を学んだが、「親になる方法を学んでいない」という気持ちは消化できないままだった。

2010年、偶然、「親学」という言葉を知り、「学」という言葉に反応した。東京での講演に足を運び、「親学」を提唱する親学推進協会の高橋史朗理事長に出会った。高橋理事長の人物像については全く知らなかった。初めて聞いた話の内容に納得できるところもあれば、納得できないところもあった。子どもの脳の発達など医学的分野から考えることについては目から鱗が落ちる思いがしたが、江戸時代の話や「母の愛情」を強調することには疑問を抱いた。「もっと話をしてみたい」と思った辻さんは、高橋理事長に「『追っかけ』します」と告げ、大阪で「親学アドバイザー講座」に参加。自らアドバイザーにもなった。

高橋理事長に誘われ、2014年、国家基本問題研究所（櫻井よしこ理事長）に関わった。このときすでに大阪府子ども家庭サポーター（子ども虐待防止アドバイザー）をしていた辻さんのもとには、子育てに悩む親からの相談が届いていた。辻さんは同研究所で、性教育の必要性を訴えた。将来親になる可能性のある子どもたちに、教育の中でパートナーシップについてしっかり伝えていくことや、児童虐待の被害者も加害者も生まないための子育てやDVをしないコミュニケーションの取り方を学ぶ機会の意味を、折に触れ説明した。児童虐待への対応ばかりに注目して、親子関係だけを取り出しても一面的でしかない、という自身の経験を踏まえた思いからだった。

議論の中で、「母性神話」「中絶はモラルの欠如」といった発言があれば、現状を解説し、だからこそ性教育が必要なのだと切り返した。「なるほど」と言ってもらえたという。辻さんは「ここでぶつけないと性教育が前に進まない」と、どういう文脈なら対話のチャンネルがひらけるのかを考えた。

ただ、行き詰まり感もあった。「教育現場でやりたいと私が言っても、リアルな声や現場を見ていない人には伝わらなかった」と言う。性教育の必要性が分かって、納得のいく教育現場と様々な角度からの学術的な実証があれば、耳を傾けてくれるのではないか――。

「現場をつくりたい」

児童虐待や貧困など課題が集積する大阪市の、「しんどい地域」で結果が出れば、突破できると考えた。

説明・対話重ねる

性・生教育については、生野区役所や地域住民らとの連携が進んだ。

辻さんは、過去の性教育バッシングを踏まえ、横やりや安易なバッシングが起きないよう、旧知の市議に各会派を回ってもらった。また、辻さん自身も、貧困の要因になる予期しない妊娠、未受診出産、避妊についての知識のなさ、妊娠後男性が逃げたり中絶費用が工面できなかったりすることによる出産後の遺棄など、現状を伝えて回った。「命は『性』から生まれるので、性を丁寧に大切に取り扱うことが、『生』を大切に扱うことにつながる。性教育は究極の人権教育だ」と、義務教育に取り入れることが性暴力、ＤＶ、児童虐待、いじめの被害者・加害者・傍観者にしないための防波堤になる、と提言した。関係する大臣・副大臣にも理解してもらうため、東京に向かい、性教育バッシングを行った政治家の政策ブレーンとは本音でぶつかった。「命を守りたい」という思いは共有できるはずだ、と信じながら。

２０１７年度、行政側に動きがあった。大阪市こどもの貧困対策推進計画に、「性・生教育」の推進が位置付けられ、特に中学で授業が実施されることになった。２０１９年、「『生きる』教育」は、大阪市が進める性・生教育の一つのモデルとして、また児童虐待に対する一つの手立てとして評価され、生野南小学校は時事通信社教育奨励賞優良賞を受賞。全国的に知られるようになった。

辻さんは徐々に手応えを感じていた。例えば、性教育について「寝た子を起こすな」と批判されるが、スマホネイティブ世代はいや応なく性的情報にさらされている。「寝た子を起こすな、という大人は伝えるスキルがないだけだ」と辻さんが説明すると、そうした批判は聞こえてこなくなっていったという。

少し扉が開いた、と実感したのは2020年。国が「子供を性暴力の当事者にしないための生命《いのち》の安全教育」の推進に着手した。発達段階に応じた教材や指導手引き、保護者向け資料などの作成に向けた検討をするにあたり、「『生きる』教育」で性教育を実施している生野南小学校と、性暴力対策の教育を実施する田島中学校などが聞き取り調査の対象となった。翌年度から、両校は、文部科学省が性暴力防止を目指して始めた教育プログラム「生命の安全教育」のモデル校になった。2023年度から、生命の安全教育は全国の学校で実施されている。

「性教育」ではなく「生命の安全教育」としたことや、その建て付けに批判もあるが、辻さんは現場発のバトンを多くの人がつないだことを前向きに受け止める。例えば、2校の足元、大阪市の市議会は2021年2月、「性教育の充実を求める意見書」を可決した。意見書では、「大阪市はかねてから（中略）自己肯定感の涵養や、自分を大切にし自分を守るという観点から、学校教育においても生きることという『生』と性教育の『性』の2つの教育に取り組んできた」とし、中学校の保健体育の学習指導要領における「妊娠の経過については取り扱わない」という、いわゆる「はどめ規定」の削除を盛り込んだ。こうした動きを、辻さんは「後押し」と言う。

子どもの権利、現場を見れば「一目瞭然」

生野南小の「性・生教育」は、人権教育をベースにした幅広いものだ。人が生まれながらにして持つ「人として幸せに生きていくための権利」について、子どもに焦点化した「子どもの権利条約」を3年生で学ぶ。1～40条を知り、子どもの権利という視点で日常を振り返り、自分たちが権利に守られていること、また守られていなければ守られる方法を考える。

辻さんが同小の実践で気付いたのは、子どもたちは「権利を知ること」で自分の行動をしっかり見直し、自分も相手も大切にするようになるということだ。子どもたちに権利を教えたら「わがままになる」説は、現場を見れば机上の空論であることは一目瞭然だという。「子どもの『幸せセンサー』を作ろうとしている。子どもに権利を教えるな、と言うことは、子どもに幸せが何かを教えるなというのと同じだ」

辻さんは、子どもたちの力を引き出した教員らの熱意にも圧倒された。「生野南小の先生方が、とにかくすごい。学習指導要領の範囲で授業を組み立て、充実した内容にしている。先生方は、今日も苦しんでいる子がいるかもしれないから、『全国に届け！』と日々、取り組んでいる」

そしてとうとう、議員らに現場を見てもらう時がきた。

現場視察、国会議員「意見聞かせて」

2022年3月、衆院の加藤勝信議員、橋本岳議員、木原稔議員らが生野南小にやってきた。3人は、こども家庭庁設置に向けて、子どもや若者の施策について自民党内で議論する会合の幹部たちだ。前月に政府が、「こども家庭庁設置法案」を閣議決定したタイミングだった。

議論にあがっている子どもの権利と子どもの意見表明権を追求してきた生野南小の、6年生の授業を見学した。議員らは、「いま子どもを中心に政策を見直していこうと、基本的な考え方を法律にしていこうとしているメンバーです」と自己紹介。大人に考えて欲しいことを聞かせて欲しい、と呼びかけた。

この日の授業は、「世界中の子どもたちが笑顔になれる方法を考えよう」というもの。小野さんが「子どもの権利の何条が守られていないかな?」と投げかけると、児童らは「35条。子どもが誘拐される事件があるから」「24条。親の虐待とかで健康が守られてない」「12条。自分の意見を聴いてもらえない」と次々答えていった。「身近なところで守られていない権利はある?」と問うと、「9条が守られていない。親と引き離されない権利」と声があがった。生野南小は、児童養護施設がある校区だ。辻さんは、どきっとした。

さらに、架空の家族のケースから、どうすれば「子どもの権利」が守られるか、自分たちだけでは解決できない場合はどんな職業の人が誰をサポートできるか、職業カードを使ってグループ討論した。

「コロナで仕事がなくなった父親にはハローワーク」「うつ病のお母さんは病院」「DVは、配偶者暴力相談支援センター」「祖母はケアマネ」

最後に、世界中の子どもが笑顔になるために、自分がどんな大人に成長したらいいかを出し合った。「まずは状況を知る」「自分の意見をはっきり言うことができるようになる」「自分が子どもの頃、何がイヤで何が嬉しかったかを忘れないようにする」

「生きる教育だけでは守れない」安心感の学校前提

小学校で「生きる」教育を受けて進級した田島中1・2年生と国会議員らとの座談会も、設けられた。

生徒からは「生きる教育でいじめをしないって学んだから、中学生になっても大丈夫だと思った」「トラウマについて学んだから、相手に傷が残らないよう中学生活を送っている」といった意見が出た。悩みがあるときは、全員「誰かに相談する」と答えた。また、「生きる教育で、友達に話していいんだということを学んだ」「イヤな事をされたら、その時、された相手に伝えて解決している」と話した。

「生きる」教育プログラムでは、小学4年生で自分の過去と向き合う作業をする。友人同士で話し合い、相談しあえる関係ができあがる。自分に足りない力を自覚し、それを身につけるためにどうすればいいかを考えていく内容だ。

小野さんは、議員らに説明した。「結構デリケートな話なので、話し合えるようになるには子どもが楽しいと思えることを大事にしています。特に新しいことではなく、学校が大事にしてきた運動会や学習発表会など文化的な取り組みで、無我夢中になれるよう下地をつくり、安心感やチームワークの上にある。だからこそ危険じゃないと思える。中3はもっと突っ込んでやっています。生きる教育だけでは、子どもの人権は守れない」

見学が終わりにさしかかったころ、「他に意見はありませんか」と議員に呼びかけられた児童が答えた。

「名刺もらえますか」

大人の緊張をよそに、笑いを取った。

＊生野南小は2022年度に田島南小として市立田島中との小中一貫校になり、カリキュラムは引き継がれている。

コラム

子どもの権利とこども基本法

1989年に国連総会で子どもの権利条約が採択され、日本は1994年に批准した。日本ユニセフ協会によれば、条約は「弱くておとなから守られる存在」という子ども像を、子どもも一人の人間として人権を持っている権利の主体という考え方に転換させた。

2022年に成立した「こども基本法」は子どもの権利条約に対応し、18歳や20歳といった年齢で必要な支援がなくならないよう「心身の発達の過程にある者」を子どもとし、意見表明の機会や社会的活動に参画する機会の確保、意見の尊重などを基本理念とする。子どもの施策を社会全体で総合的かつ強力に推進していくための包括的な基本法として、翌年4月に施行された。国や都道府県、市町村などが子ども施策の策定、実施、評価をする際、子どもの意見を聞き、反映させるために必要な措置を講ずることを義務付けている。

一方、焦点となっていた、行政から独立して調査・勧告する「子どもコミッショナー」の設置は明記されなかった。コミッショナーは、子どもの権利を具体的に担保する役割がある。「伝統的な家族観」を重んじる議員らを中心に、「誤った子ども中心主義」などと反対意見が相次いだという（朝日新聞デジタル2022年3月4日「『誤った子ども中心主義』自民保守派、こども家庭庁第三者機関にノー」）。

(3)「人生が『事業計画通り』にいくと思っていませんか」　辻さんインタビュー

歪んだ怒りから正しい知識へ

――辻さんは社会福祉士、保育士、防災士、幼稚園教諭など様々な資格を持ちつつ、組織に所属することなく個人の活動を貫いています。そのパワーの源は？

社会福祉士を目指した原点は、「助けて」と満身創痍で頼った役所に、切られるだけではなく、さらに矢を放たれたことです。まず19歳の時。未成年で母親になることで、社会はここまで冷たいのかと思い知りました。働きながら家事・育児・勉強に限界を感じ、保育所の入所相談に行くと、「なんで大学に行く余裕がある人の子どもを、預からないといけないんですか」と言われました。家庭の事情をその人に話す気力が起きず、あきらめました。

次に30歳の時。正社員をやめて、アルバイトに変わり、国民健康保険料が月5万円以上になりました。払えないので相談にいくと、「税金は前年の収入で決まります。大人だったら誰でも知ってることです。そんなことも知らずに会社を辞めるあなたが悪い。なんともなりません」と言われました。

さらに35歳の時。いくら働いても手元に入るお金が15万円くらいで生活がきつい。シングルマザーが入れる公営住宅について相談に行きました。しかし、担当者は片ひじをつきながら「シングルマザー、何人おると思ってるん？　あるわけないやん」。家に帰って泣き崩れました。

私が甘いといえば、それまでかもしれません。でも、困っているのにあっさり見捨てられることが苦しくて苦しくて。だから、しょせん人間が決めた小さなルールに人間が縛られ、振り回され、苦しめられている現実に、今も耐えられないのです。私に力があれば、役所に上から目線でモノを言えるのに……。歪んだ怒りが原点です。

当時は「なんでわからへんねん」と怒ってばかりでしたが、勉強することで正しい知識があれば自分の人生を守れることが分かりました。相手が使う「言語」や「理屈」を踏まえて対応することが大事。今はやさしく話して、協力してもらっています。あまりに理不尽な対応を見聞きした時は、スイッチが一瞬で入りますが。

——肩書は「辻由起子」。取材している私も、辻さんが何をしている人なのか表しにくい時があります。

よく言われます。高校時代までは学校の成績をもとにみんながチヤホヤしてくれたのに、同一人物の「辻由起子」が結婚・出産・離婚すると、人が引いていく。私が「幸せ」と思っていた幸せはハリボテだった。

また、立派な法律や条例があっても、制度や組織を守って人を守らない。そんな社会にがっかりしました。制度や組織は人がつくったものなので、人を大切にできないのなら本末転倒。どんな人でも、どんな見た目でも、所属や肩書や身分証明書を求められる前に、人として尊重される世界にしたい。大きいことはできないから、せめて自分の周りだけでも。まずは大人が背中を見せないとあかんので、私は「辻由起子」で勝負したい。

霞が関を訪問すると、全ての受付で団体名や所属を聞かれます。社会的な役割や所属（学校・会社・団体・資格・妻や夫などの肩書）でしか、社会に認めてもらえないことや信用されない文化をなんとかしないと、子どもたちの未来が潰されると思います。社会的な役割や所属のために勉強をするのではなく、自分の能力を高めるために勉強を楽しんで欲しい。他人の「こうあるべき」ではなく自分の「こうありたい」を大切にして欲しい。

愛＝価値観を押しつけないこと

――かなりシビアなご自身の経験を話されますが、不安はありませんか。

虐待をしてしまった大人の立場で顔出し・名前出しで社会に声をあげ続けられる人が、私以外に見当たらないので。不登校だった娘は大学を卒業し、もう社会人。娘の話も紹介できる。そして娘も協力してくれている。

今、振り返ると、何があれば親子の適切な関係を結べたか、はっきりわかります。親を支える環境が一番大切です。「母性」とか、きれいごとではない。

娘がいたからたくさんの人に出会えました。子どもができたら親になるわけではなく、子どもとの関わりの中で、「親」という属性に成長していく。「一番の愛は、価値観を押しつけないこと」と娘に言われました。この言葉は講演でも紹介していますが、こうした話をできるのは自分の強みだと思っています。

スタート地点が働かず暴力を振るう夫だったので、今は暴力を振るう人が身近にいないだけで幸せです。暮らしは見ての通り質素。電子レンジは昔のナショナル製。閉まらない財布は輪ゴムやヘアバンドでとめるし、寒くても水で洗顔。ＳＮＳに「最近、文字が見えにくい」と書き込んだら、見ず知らずの方が大きいモニターを送ってくださった。不自由なく暮らせています。

——ストレスはどうやって発散していますか。

支援先や仕事先に向かうまでの車の運転がちょうどいい。元気な時は、出張先で温泉に入ります。掛け流しが好きです。

貧困は年度末に終わらない

――辻さんは、「人」という言葉をよく使いますね。

人間が生き物ということを忘れていませんか。世の中、人生が事業計画通りにいくと思っていませんか。シェアリンク茨木では農園をやっていますが、毎年度末に同じサイズのサツマイモができれば、苦労しないんですよ。

例えば、子どもの貧困対策の予算ですが、貧困って年度末の3月で終わりませんよね。親子関係は年度が変わるとよくなるのでしょうか。18歳を過ぎたら、すぐ自立できるのでしょうか。子どもだけではなく親の成長も長い目で見なければならないのに、制度の建て付けが役所の時間軸中心になっている。あちこちで人が年度末に追われ、目先の利益にとらわれ、結果、人が駒にされている。いい加減、みんな気付きましょうよ。

その点、西武百貨店本店の売却を巡る反対デモ（2023年8月）には感動しました。「今更ストライキか」と思うかも知れないけど、人を人として見る歴史的瞬間だと思いました。私が伝えたいことと一致します。

――内閣官房こども政策参与やこども家庭庁参与に就いて、そこでも「人」を軸に訴えているのですか。

経済活動は本来、生きるため、つまり命を守るために行われるはずです。

私たちの活動を行政用語で表すなら、子育て支援、ひとり親支援、ＤＶ被害者支援、児童虐待防止、不登校児童生徒への支援、家庭教育支援、困窮者自立支援、居住支援、食育、防災など多岐にわたります。社会課題は全てつながっているので、どれか一つを分けることはできません。「人」を「縦割り」するなんて、無理なのです。

私が親として歩んできた約30年間、私のように社会で大切に守られてきたはずの子たちが親になって、適切な養育ができていないと、「虐待をしている親」と責められる現状が変わっていません。親と子を分けて考えるのではなく、親子丸ごと支援することが大切です。「人」の暮らしを出発点にして欲しいのです。

人間同士、行動で判断

――辻さんを取材していると、政治家にも「口では負けへんで」という勢いを感じます。

だって人間同士だから。どこの党とも仲良くしています。色がつかない「個人」が、一番使いやすいんです。政党から直接勉強会の講師を頼まれることもあれば、議員個人から視察や講演の依頼を受けることもあります。「〇〇党だから」ではなく、課題解決に向けて実際に行動をしている個人を応援します。口では、なんとでも言えるから。行動こそ、全てです。

なんでもない市民ボランティアが、一番文句を言える立場だと思っています。ただ、私は政府への怒りで憤死しそうなのですが……。

――地方自治体や国側に、改善すべき点としてどのようなことを伝えていますか。

見ず知らずの公務員に事情を話せないため、私は同行支援が必須だと思っています。難解な行政用語、傾聴だけされて解決に至らないこと、郵便文化などの若者になじみのないツールが、公的支援を遠ざけます。支援を受ける子どもや親が分かりやすい説明や書類を用意し、制度を使いやすいものにすることが先決です。予算はせめて5年単位で構えて、年度をまたいだ融通の利く運用ができる制度設計をお願いしたい。

政治家も役人も、実際の支援現場を見に来て欲しいです。「この人たちは、ちゃんと活動しているな」と分かったら、制度もお金ももっと柔軟に使えるようにして欲しい。私たちは市民ボランティアの集まりなので、手弁当での活動です。中間支援組織に対する書類の負担減も重要課題です。

政府は子ども食堂やフードバンクに予算増額を表明していますが、そこちゃうねん！　なぜ、ここまで生活に困窮するのかを考えて欲しい。生活困窮から抜けられない制度設計になっているからです。政治が手を付けるべきはそちらでしょう。

――少子化の議論をどう見ていますか。

30年前に出産し、少子化とともに歩んできた30年だと思います。原因ははっきり分かっています。妊娠・出産は女性にしかできない。その母親を独りぼっちにして、親に子育てを教えない。あったとしても、精神論。個人の努力で解決できないような雇用形態が広がっている。子どもを持つことに不安になるのは当たり前じゃないですか。エビデンス（証拠）が大事だ、とあちこちから聞こえてきますが、誰かが動かないと状況は変わりません。だから、私は、知識は持ちつつ「今必要なこと」を大事にして、課題があるところに走ります。

――これからどんな方向で進む予定ですか。

私に見えている範囲は、氷山の一角です。命をつなぎたいと願って、見ず知らずの人のために動いてくださっている人がいます。「見える化」しないと闇に葬られる。動ける私が人を助けなくてどうするんだ、という気持ちです。「失敗はない。経験が増えるだけ」と若い人たちには伝えていますが、元気な間にこの子たちを何とか手助けしないと、私たち世代の未来もその子たちに「自己責任だ」と言われて跳ね返ってくる。人は誰かにしてもらったことを、誰かにしてあげることができます。守られた感覚があって、温かい気持ちを受け取れば返す。「制度を守って人を守らず」ではなく、人を「人」として大切にする。同じ人間として一緒に生きる。私にできることは、ただそれだけです。

（4）「原田先生」と「うちの木曽」 政治家とジャズドラマーの目

辻さんの取材をしていると、名前がよく出てくる「レギュラー」が2人いる。「原田先生」と「うちの木曽」だ。

「原田先生」とは、茨木市などが地盤の衆議院大阪9区の前衆院議員、原田憲治さん（1948年生まれ、元自民党大阪府連会長、防衛副大臣、総務副大臣、府議、当選4回）。2012年の大阪府茨木市議補選に、辻さんが立候補して以来の付き合いだ。

「うちの木曽」は、木曽稔之さん（茨木市育ち、1990年生まれ）。シェアハウスの住み込み管理人だが、本業はジャズドラマーだ。コロナ禍の中、SNSで辻さんの活動を知り、「この人を放っておいたら死ぬ。死んだら支援先の何人かが死ぬ。この人まだ死んじゃいけない」と会いに行き、そのまま手伝うことになった。

自称「通りすがりのただのおばちゃん」との関わりについて、2人に聞いた。

「辻さんは落選してよかった」　原田さん・辻さん同席インタビュー

――初対面はどんな印象でしたか。

原田「2012年の茨木市議補選に辻さんが立候補するとのことで、挨拶に来られました。面識がなく、強烈な印象はなかった。選挙に出ること自体はいいこと。頑張ってくれたらええなと、それから事務所探ししたり、みんなで動き回ったりしてね」

辻「選挙知ってんのか？　あんたいけるんか？　と聞かれました。知りません、ただこういうこと言いたいんですと答えました。告示日の10日前に立候補の声がかかって、私はどうせ無職やし、と思っていました。若手議員が後押ししてくれて、それで原田先生も応援してくださった」

――7939票差で、次点でした。

原田「ちょうど大阪維新の会が強くなり始めた時期でした。辻さんは見事落選。負けても（次の選挙への挑戦を）やめると言うたらあかんよと、言っていたのですが、そのことは守ってくれなかった。でも、今思ったら、落選してよかった。議員として縛られていたら、今の辻由起子はないから」

辻「原田先生に、あんた落ちてよかったわ、議員なってたらできること減るわ、と言われました。そこからは、こんなことやりたいんです、と口にした時には国のルールを教えてくれた。具体的な課題がある時は、じゃあ誰々につなぐわと速攻電話してくれて、現場でうまくいかない時に、担当省庁の役人からその場で電話をもらったこともあります」

「声を届けるお作法学んだ」

――例えばどんな風に相談するんですか？

辻「不登校の子がいて、文部科学省はフリースクールの定期代を出すよう通達をだしているのに、自治体が動かない。どうしたらいいんですかって」

原田「同期の政務官や同じ派閥とかの知り合いに、こういう話をしたいと言っている人がおるんやけど、と電話を入れる。別に圧力かけるんじゃない。話をできる土台をつくること。あとは彼女が話すこと。大臣や副大臣がキーパーソンになるから会いたいということであれば、つないだこともあります。辻さんに限らず、私はそういう動き方。このごろはとにかく役人を呼びつける議員もいるけど、現場の人を大事にしとかんと動いてくれませんよ」

辻「そんなんも全部、生き様というかやり方をじっと横で見ていて、あーそうするのかと学んだ。話を持って行くお作法は全部、原田先生に教わった。十数年前の若い辻由起子は、何でやってくれへんのですか！的に怒りを行政職員にぶつけまくってました。あのままだったら、今も私は市役所で吠えるだけにとどまり、国に声を届けるところまでいけなかった」

原田「そない怒りなさんな、言うてね。立場も考えてあげないと。思ってても、動かれへんこともあるしね」

辻「でも、ここだけはちゃんと言わんと命を守れないというところだけは、今もギャンギャン言うてます」

原田「だから余計、インパクトが強い」

「先生、5分でいいから時間を」

原田「私の前回選挙で厚生労働大臣や内閣官房長官の経験がある加藤勝信さんが応援に来てくれた時、辻さんが急に、『先生、5分でいいから私に時間をちょうだい』って頼んできて。こっちは忙しいのに。それで、辻さんは加藤さんと会って話した」

辻「その縁があって、生命の安全教育をしている大阪の小学校に視察に来てくれた。予定時間をオーバーして見てくれました」

原田「いまや辻さんは法成立のキーパーソンですよ。私は最初から辻さんを政治的に利用しようという思いはなかったんで、自分の選挙でも推薦人になってもらったことはないんです。

やっぱりこの人を利用したらあかんと思います」

辻「政党色を付けないようにすごく配慮してくださっていた。色がついてないから、みなさんと仲良くさせてもらってます。だって、国民の困り事を誰が解決してもいいじゃないですか」

原田「普段から話をしていれば、どういう人か分かる。辻さんは自分の手柄を考えてない。ほんとに困っている人のために動こうとしているのが見える。用事がある時に頼みにきて、自分のことが片づいたらもう知らん顔という人がいるけど、辻さんはそんなことない。なんせね、必ず応援団がついてくる。それが不思議。私も、頼まれても面倒くさいなあとは思わん。辻さんが隠し事なしに、こういう人ともやってますと事前に話してくれる。だったら、そっちの人を頼りなさいと言える。私はなんかあったら側面から応援する」

ふわっとした話はしない

――どんなところで手応えを感じますか。

辻「児童虐待防止法改正の時も、原田先生の人徳を貸してもらいました。キーマンといわれる議員の控室に連れて行ってもらって、その議員に5分話をしたら、じゃあ党の勉強会でしゃべってと頼まれた」

原田「なにがいいかというと、勉強会に役人も出てくる。そこですよ。議員だけの勉強会じゃなくて。進行役が今の話はどうですか?と役人側にも振ってくれる。政務官や副大臣が来ることもあるし、役所は局長クラスが出てくる」

辻「最短距離を教えてくれる。目の前で困っている人がいるので、時間をかけていられません。意識しているのは、ふわっとした話を持って行ってはいけないということ。必ずエビデンスがいる。また、いい政策だからやりますとなっても、自治体で実現できないような理想論を言っても意味がないので、まず現場をつくっておくことを大事にしている。例えば市が事業化して予算をつけたときに、実現できる内容を言わないと政策にならない。だから実例を先につくっておいて、ぶつける。そして、なぜそれが必要かということを伝えるために、エビデンスに気を付けています。怒りや恨み、救済の感情をぶつけるだけでは、みんな疲れる」

原田「辻さんの活動をみていて、腹割って話し合える土台作りが大事だなと思います。最初から自分が構えると、相手も構えますから」

「このままだと、この人死ぬと思った」　木曽さんインタビュー

――ジャズドラマーが子どもや若者、シングルマザーの支援の世界に入るのはどういったきっかけですか。経緯をおしえて下さい。

大学在学中から演奏活動はしていたのですが、卒業後、ミュージシャンや音楽イベントの企画や音響関係の仕事をしていました。学部は理系で、コンピューターのプログラムをかいたり、ＣＧの研究をしたりしていました。

――地域づくり活動にはなじみがあったんですか。

市内で開かれる音楽イベントを、主催したり補助金をいただいて実施したりすることもありました。文化的な盛り上がりをつくって音楽業界にもお金が回るようになればいいなと思っていました。でも、行政予算にはそれほど余裕がないと分かりはじめ、これじゃだめだと思いました。人口減少や高齢化で、予算が削られて、公共サービスが低下するかもしれない。そのため、まずは安心安全に生きられる心の余裕を持てる社会にしたうえで、そこに音楽がある状況をつくりたいと考えました。

――そこから辻さんにつながったんですか？

仕事はコロナでキャンセルが続き、止まってしまいました。その間、困っている人のために、何かしようと決めました。人づてで、市内の農家で米が3トン余っていると知り、もらった持続化給付金をまちのために使おうと思って、２７００キロ買い取りました。小分けにして売っていました。

コロナ禍から1年ほどたって、状況が落ち着いてきたころ、茨木でおもしろい人が話すイベントというのがあって、辻さんが出た後に辻さんの書いた記事がSNSでシェアされているのを見たんです。それで辻さん個人の発信をみたら、子育て世帯がコロナで急激に貧困にたたきおとされて、その人らのために走り回ってます、という内容だった。私自身、貧困問題が身近ではなかったので、全然知らなかったし、思い至らなかったと思いました。シングルマザーも子育て世代も全く接触なかったですし。子どもが苦手で、関わらないよう避けてきたところがありました。

辻さんの書き込みで一番心に響いたのは、「一人ひとりが肩書や所属と関係なしに、一人の人として尊重され、持って生まれた能力を最大限発揮できるような世界をつくれるように、できることをやります」でした。自分の作りたい世界と完全一致したので、会って話してみたいと思いました。

その後、辻さんがやっている団体「シェアリンク茨木」の「なかよしの他人を増やす」のコンセプトに共感して、自分のやりたいことをやっていたらそのまま活動が重なって一緒にやってるという感じです。

――初めて会いに行った時はどうでしたか？

「米３００キロを寄付できます。お米で困る方がいたらいつでもお使いください」とメッセージを送ったんです。そうしたら、いる！と。会って30分話をしたら、「じゃあ来月、（支援している若年女性の）引っ越しの手伝いよろしく」と言われました。それが始まりです。

実際に会って、あまりに1人でいろんなことをやりすぎていて危ういと感じました。この人から仕事を奪わねばならないと勝手に思いました。辻さんが死んだら、支援先の何人もが死んでしまうかもしれない。頼る先が辻さんだけになっている人がいっぱいいる。頼れる人がいるのはいいのですが、その人が死なないことが前提じゃないですか。もしもの時につながれる人が増えないといけない。だから、辻さんの負担を減らすために私にできることをと思って手伝ったら、社会情勢の悪化により辻さんの仕事が減らした以上に増えていました。

「人として」話を聞く近所のお兄さん

――今は公営住宅の若者のシェアハウスの管理人です。

住み込みです。４畳半の部屋にベッド一個分のスペースが自分の空間。普段はコミュニティールームでしゃべったり、ご飯を食べにきた子の相談にのったりしています。

――相談支援の経験はあるんですか。

全くトレーニングは受けていません。心理学的なものは自分が病んでいた時に自分でできる心理ケアを勉強しましたが、そのくらいです。

とにかくまず話を聞こうと思っています。みんな言語化できないけど、伝えたいという気持ちがある。話しながら、「こういうことかなあ」と一緒に見つけていく。人として話を聞いて、一緒に考える。それを寄り添いっていうのかも知れませんが、本人が自分で気付ければ、ゴールに向けて動けるようになる。

辻さんはこれまでの経験があるからこそ、ゴールがすぐに見えて、次のステップを示して、短い時間で結果につなげていくことが多いと思っています。でも、一人ひとり、心の整理にかかる時間が違うので、そのペースに合わないときは僕のところでまたゆっくり話を聞くこともあります。同じ目的で動いていると感じていますが、同じやり方はしていないです。強烈な後押しが欲しい人は辻さんへ、まだゆっくり話を聞いて欲しい人は木曽へ、という傾向があるように感じます。

偶然ではありますが、専門的な勉強をしていなくてよかったと思います。僕の話は非専門家の感想なので、そもそも説得力ない。でも、そんなただの個人の感想こそが目の前のその子にとってはよかったのかもと思うことが多々ある。ただの近所のお兄さんですよ。

――若者の話を聞いて、どんなことを感じますか。

多くの場合は「正しさ」を押しつけられて、しんどくなって来ることが多いです。親からも行政からも。正しさの押しつけが、はびこっているなと思います。だから、僕は話を聞くけど、何かを決めたりしない。「僕はこう思うけど」と前置きして、選択肢を並べる。あなたがどうしたらいいかは、あなたしかわからないからと伝えます。


――子どもが苦手なのは克服できましたか。

ママ同士の集まりがあるときに、子どもの面倒みてて、と頼まれたことが転機になりました。子どもの方が大人との関わりに慣れていた。向こうから遊ぼうと誘ってくれて鬼ごっことかして。そのあたりから抵抗感がなくなりました。現役保育士で人気ユーチューバーのてぃ先生の動画を見て、とにかく勉強しました。知らないことを知るのが好きなので。知らなかったからなんとなく怖かっただけなんだなと思いました。今はとても楽しいです。

政治システム動かすために現場にいる人

――辻さんと数年一緒に活動して、何が見えましたか。

辻さんしかできない分野として、一番能力を発揮しているのは、政治の部分だと思っています。アプローチやワンポイントでの見せ方、伝え方がめちゃくちゃうまい。現場の人だけど、現場を国政にもっていくメッセンジャーの役割がとても大きい。

政治システムを動かすために何が大事かを見つけるため、現場にいる。空想では出てこないコアな課題を発見して、国に届けていますね。

――辻さんと話していると、国会議員の名前がたくさん出てきますよね。

東京・永田町に直接乗り込んで、あれ、どういうこと？って思います。なぜ通用するのか。大阪で政策提言をつくって、パネルを議員に郵送して受け取ってもらって、向こうで一緒に写真撮って。めちゃくちゃしてるなあと。びっくりしたのは、どの党の議員さんとも本音の話ができていること。政党はほぼ全党と話しているし、どこからも一定以上信頼されている。辻さんが持って行く話にどの党も大筋了解する。どうやったらそんな関係が築けているのかはわかりません。

――「うちの木曽」にも全容が見えない？

何をもって全容と呼ぶかですが……。一番思うのは、やはり見せ方が上手。ぼくが逆に下手で。誰も目に見えてなかったような課題だとしても、その重要性をしっかりアピールして注目してもらえるようにするのが本当にうまい。忙しい中でも、本当に大事なことはしっかり押さえて、ちゃんと人に見えるようにして、これでいいの?と迫れる。一番やってもらってありがたいと感じるのが、メディアや政治へのメッセンジャーの役割ですね。

――やはり一度立候補して、原田さんと出会ったことが大きかったんですかね。

その前から戦略家だと思う。辻さんはこの人と会わねばと思うと、「出待ち」したそうです。お疲れさまです、と言って車で送ったり。結果を出すための執念がすごいなと。良い意味で遠慮がないです。あとは、反省がめっちゃ早いですね。さすがに理不尽だと思ったらこちらも文句を言うことがあるのですが、その5~10分後に「ごめん、いまのは私が悪かった」と謝ってくれる。

――「うちの木曽」と呼ばれるのはどんな気持ちですか。

なんでもいいですね。自分の存在は、みんな好きに使ってくれたらいいと思っています。それが誰かや世の中のためになるならやる。私利私欲のためであれば、今の場所から自分が離れるだけです。

第3部

現状と課題を読み解く

子どもと子育て家族のデータ・研究から

第5章　女性と子ども・若者の困難

1〜4章で、女性、子ども、若者の言葉をたぐり寄せながら、寺内さんと辻さんがどのような思いで「そばにいる人」になっているのかを見てきた。

ところで、2人とつながった若年女性や母親たちはごくまれなケースで、特別な人たちの特別な事情なのだろうか。統計や調査研究結果と照らし合わせてみると、制度や数字に反映されない埋もれた現実や、見落としている視点がまだまだあることに気付く。

取材をしていると、時々、「うちの地域に貧困はありません」と断言されることがある。だが、困難を抱えている人は、他人が思い描く通りの見た目や課題を抱えて現れるわけではない。また、処方箋が1回ですむようなシンプルなものではなく、だいたいは幾重にも絡み合っている。結果的に社会全体で大変さが共有されず、制度が充実しても安全網からこぼれ落ちていく。くっきり見えなくとも、目をこらし、解像度を上げて現在地を確認していく必要がある。

1）子どもの貧困、ひとり親の不利

まずは「子どもの貧困」をキーワードに、全体像からみていく。

「貧困」という言葉を冠する日本初、そして唯一の法律、子どもの貧困対策法が2013年に成立し、翌年施行された。同法は、子どもの将来が、生まれ育った環境に左右されないようにすることを基本理念に掲げた。政府が対策を総合的に推進するための大綱をつくり、子どもの貧困や対策の実施状況を年1回公表している。2019年に改正され、将来だけではなく「現在」の貧困の解消や、子どもの権利条約の精神にのっとり、子どもの意見が尊重されることが明記された。都道府県の努力義務だった貧困対策の計画策定が、市町村にも広げられた。

18歳未満の子どもの貧困率は1985年以降、10～16%前後で推移している。[1] 2012年の16・3%をピークに徐々に減り、2021年は11・5%だった。一方、ひとり親世帯の貧困率は先進国のなかでも最悪の水準だ。[2] 1997年の63・1%をピークとして1985年以降、50%を超えることがほとんどで、2021年は44・5%だった。

貧困率とは、相対的貧困率のことで、一定基準（貧困線）を下回る等価可処分所得（収入から税金・社会保険料などを除いた世帯の可処分所得を、世帯人員の平方根で割って調整した所得）しかない人の割合を指す。2021年調査では、127万円（貧困線）に満たない人の割合になる。算出方法は、経済協力開発機構（OECD）の作成基準に基づく。

子どもの貧困率とは、子ども全体に占める、等価可処分所得が貧困線に満たない子どもの割合のこと。貧困線127万円は世帯員が1人の場合だ。子どもが1人で世帯を構成することは考えにくいため、算出方法に沿えば、2人家族では世帯の可処分所得が約180万円未満、3人家族で約220万円未満、4人家族で254万円未満の子どもが、すべての子どものうち何％いるのかを表す。ひとり親世帯の貧困率は、「子どもがいる現役世帯（世帯主が18歳以上65歳未満）」のうち、「大人が1人」の世帯の貧困率のこと。「大人」には親以外の世帯員も含まれるため、「祖父もしくは祖母と子ども」「18歳以上の兄か姉と子ども」といった場合などが考えられ、必ずしも「ひとり親」世帯とは限らない。ただ、1人の大人（養育者）によって子どもの生活基盤が成り立っていることから、一般的に「ひとり親世帯の貧困率」と見なされている。

貧困率改善の偏り〜ふたり親の所得改善、ひとり親の最貧困層増加

子どもの貧困率の減少は歓迎されることだが、偏りがあることに留意が必要だ。三菱UFJリサーチ&コンサルティング（以下UFJ）の分析によれば、直近の貧困率の低下は、ほぼすべてが大人2人以上世帯の貧困率の低下で説明できるという。[3] 主要因は稼働所得の増加で、母親の就業率が上昇し、夫婦共働き世帯や共働き正規職員世帯が増加したことが寄与しているとしている。一方、ひとり親世帯の場合、貧困線よりも少し下の層は大きく減少し、「140万円以上の層」が増加しているが、等価可処分所得「100万円以下の層」も増加している。

UFJ報告では「子どもの貧困率の改善は労働市場や働き方変化に伴う稼働所得の上昇が主因であり、社会保障等の充実によるものではない」とし、ひとり親世帯について「最貧困層が増加してしまっている」と懸念を示す。

就労収入の差歴然、養育費不払い問題

全国ひとり親世帯等調査[4]（図表1）によれば、母子世帯の母の年間就労収入の構成は、約7割が300万円未満。児童扶養手当や養育費などを足した母子世帯の年間収入と同居親族の収入を合わせた母子世帯の平均年間収入は373万円で、これは児童のいる世帯の平均所得（国民生活基礎調査）を100とすると、45・9となる。

母子世帯になった理由の8割は離婚だ。子どもの生活を保障するうえで、別居している親が支払う養育費[5]についてもみていく。

人口動態調査によれば、2021年は約18万組が離婚。その57%に未成年の子がいた。近年は8割超で母が親権者になっているが、養育費の金額や支払い方法などを取り決めているケースは、母子世帯の46・7%で半数に満たない。「相手と関わりたくない」「相手に支払う意思がないと思った」などが理由だ。養育費を「現在も受け取っている」と回答したのは母子世帯全体で28・1%にとどまる。

取り決めをしている母子世帯でさえ、「現在も受給している」のは6割弱だ。

面会交流と養育費について取り決めたどうかについては、離婚届にチェックを入れて提出するが、強制力はない。口約束で放置されないためには、裁判所で取り決めるか公正証書を作成しておく必要がある。現段階で役所が実施しているのは、公正証書の作成や家庭裁判所の利用手続きを助言したり、その費用を補助したりする取り決め支援だ。

支払われなかった場合、改正民事執行法で財産情報などを開示請求できるようになり、養育費の差し押さえが行いやすくなった。ただ、書類、時間、費用の工面に加え、最後まで「対立」や葛藤に耐えるメンタルも求められ、当事者からは

図表1　2021年度全国ひとり親世帯等調査結果

（厚生労働省ウェブサイトより筆者作成）

	母子世帯	父子世帯
世帯数	119.5万	14.9万
ひとり親世帯になった理由	離婚79.5% 死別 5.3%	離婚69.7% 死別21.3%
就業状況	86.3%	88.1%
就業者のうち 正規の職員・従業員	48.8%	69.9%
うち 自営業	5.0%	14.8%
うち パート・アルバイト等	38.8%	4.9%
平均年間就労収入（母または父自身の就労収入）	236万円	496万円
平均年間収入（母または父自身の収入）	272万円	518万円
平均年間収入（同居親族を含む世帯全員の収入）	373万円	606万円

＊平均世帯人員は母子世帯 3.20 人、父子世帯 3.42 人

＊子ども以外の同居者がいるのは母子世帯で 35.2%（「親と同居」24.2%で最多）、父子世帯は 46.2%（同 34.3%で最多）

注１）調査結果は推計値

注２）「平均年間収入」とは、生活保護法に基づく給付、児童扶養手当等の社会保障給付金、就労収入、別れた配偶者からの養育費、親からの仕送り、家賃・地代などを加えた全ての収入の額

「現実はハードルが高い」という声が聞かれる。シンママ大阪応援団の寺内順子さんは「うちのママたちで養育費をもらえている人はほとんどいない。ほぼ暴力が離婚原因なので、協議なんてまず無理」と言う。

主要先進国では、公的な専門機関による徴収や国による立て替え払いの制度がある。日本の場合、兵庫県明石市が立て替え払いなどに踏み込んでいるが、かなりまれな取り組みだ。

養育費は1983年から全国母子世帯等調査の項目に入り、当時、「現在も受け取っている」割合は11・3％だった。約40年前から把握され、公表されていた問題だが、解決へ向けた動きは、その期間と影響の深刻さと比べて鈍いといえる。社会福祉士の辻由起子さんは「やっぱりここに行き着く」として、一人で働いて子どもを育てるだけの時間と賃金を確保できない構造的問題と養育費不払い問題を挙げる。子どもの暮らしの保障や不利の解消を、経済的側面から誰がどのように責任を持つのか、それを国がどのようにとらえているのか、ということが如実に表れている。

政府による貧困削減効果、弱い日本　貧困率改善度は国際比較8位

ユニセフ（国連児童基金）が発表した先進諸国の最新の子どもの貧困についての国際比較によれば、日本の貧困率の改善度は総合で39カ国中8位だった。[6] 報告書作成に協力した東京都立大学子ども・若者貧困研究センター長の阿部彩さんの分析では、2008年末からの不況で日本の子どもの貧困率が過去30年で最も高かった時期からコロナ禍にかけて貧困率が大きく減少したためだという。[7] 理由

は好景気による人手不足と、それに伴う賃金や就労率の上昇が原因と考えられる。しかし同時に、ふたり親とひとり親世帯の格差や、ひとり親のなかでも所得を上げられた世帯とそうでない世帯の間の格差が、拡大している可能性があると懸念を示す。

また、政府による貧困対策の効果が、他国に比べて弱いことが改めて浮き彫りになった。政府による貧困対策の仕組みは、所得再分配や再分配機能と呼ばれる。税金や社会保険料などを豊かな人により多くの負担を求め、児童手当や生活保護などを通じて低所得者により多くの給付をすることだ。社会保障制度の重要な機能の一つで、社会のなかの容認しがたい格差や不平等を是正する役割がある。[8]ユニセフと阿部さんの分析からも、日本の子どもの貧困率は、再分配前と再分配後であまり差がない結果が出ている。データが存在する１９８０年代から見られる現象だという。

２０１３年に子どもの貧困対策法が制定されたのを機に、住民税非課税世帯に対する大学などの授業料減免や、給付型奨学金の創設など教育費関連の支援が充実した。阿部さんは、家計が助けられる利点があることから評価する一方、貧困の子育て世帯に対する、公的制度の機能が他国に比べて大きく劣っていることを問題視。「現金給付とサービス給付の両輪が必要」と結論付けている。

ここまでで言えることは、子どもやその親が困窮した時、あるいは困窮しないようにするための安全網は、政策によって良くも悪くもできるということだ。選択肢は、かなり前から提示されているが、実行されていないと言える。それには理由があると考えるのが自然だろう。議論するメンバーの偏りや世論が、影響しているのではないだろうか。

（2）食べていない、休んでいないママたち　所得保障を考える

子どもを育てながら働き、生計を立てる母子世帯と関わってきた寺内さんは、「ママたちは、食べていないし、休んでいない」と言う。つまり、休む間もなく家事と仕事をしないと生活が回らないことを示唆している。働いても貧困から抜け出せない社会システムのあり方を問ううえで、非常に興味深い研究・調査結果から具体的にイメージしてみたい。

社会政策と労働問題に詳しい法政大学大原社会問題研究所の藤原千沙さんは、未就学児1人と夫婦の「核家族世帯」と、未就学児2人の「母子世帯」が最低生活費を稼ぐための必要労働時間を、生活保護の生活扶助基準と照らし合わせて推計している。[1] 生活扶助（衣食や日常生活費のことで、住宅・医療・教育費などは含まない）に相当する収入を最低賃金による労働から得るには、核家族の場合、都市部で年2288時間、地方郡部で年2456時間。母子世帯は都市部で年2714時間、地方郡部で年2983時間が必要だという。

3千時間近く働かなければ最低限の生活費を稼げない母子世帯を念頭に、藤原さんは「このような超長時間労働によって貧困水準を超える所得を稼ぎ、福祉手当を受けずに生計を立てれば、福祉に依存しない母親として賞賛を浴びるだろうが、いったん子どもに何かあれば、子どもを放置していた母親として非難されるだろう」と指摘する。ちなみに、年3千時間近くということは、365日で割れ

ば、一日8・2時間。しかし、365日働くことは非現実的だ。仮に会社員が取得している平均年間休日約115日（厚労省調査）をもとに計算しなおすと、一日11時間を超える。

解決策として考えられる手段として、賃金アップや公的な現金給付がある。藤原さんの試算では、児童手当と児童扶養手当（高校生年代までの子どもがいる父子家庭なども含めた低所得のひとり親への手当）を受け取ることで、労働時間は年1718時間（都市部）、年1683時間（地方郡部）に減る。特に、児童扶養手当の貢献が大きい。しかし、現金給付を巡っては、「福祉依存」や「ばらまき」といった批判が常につきまとってきた。藤原さんは、そうした非難によって削減することについて「子どもとして親からケアを受ける時間を社会が子どもから剝奪することを意味しており、財政均衡の名のもとに歳出削減を『仕方がない』と受け入れる新自由主義的な福祉改革がいかに子どもの福祉を阻害するかを物語っている」と断じている。

借金でまかなう生活費、教育費

補足したいのは、こうした賃金も時間も、あくまで「健康で文化的な最低限度の生活」レベルであるということだ。日本は、子どもの教育費を家庭が負担する割合が他国に比べて高い。さらに、教育費がかさむ年齢に比例して、親の収入が増える保障はない。子どもの学校行事参加や長期休暇中のやりくり、病気などの予期せぬ出来事にも支出が発生する。また、障害や介護などケアを必要とする家族がいれば、追加的な費用がいる。

社会制度が前提・期待するような家計管理を、子育て世帯が着実にしていく状況にそもそもあるのかどうか、所得階層を軸に確認を試みた分析がある。[2] 北海道全域の2歳、5歳、小2、小5、中2、高2の子どもがいる子育て世帯を対象にした調査によると、子どもの成長とともに家計管理の安定性が損なわれる可能性は、所得が低い世帯ほど大きい。中2と高2の貧困線を下回る低所得層は、2割超が赤字で借金をして生活していた。また、未納や滞納の問題に、メンタルヘルス上の問題が重なっている世帯が一定数あった。どの年齢層でも、4割前後の世帯が「黒字でもなく赤字でもなくぎりぎり」という家計状況にあった。子育て世帯の家計管理に詳しく、分析をまとめた北海道大学の鳥山まどかさんは、先を見越した安定的な家計管理ができる条件は上位所得層レベルの所得がなければ難しいと指摘している。

支援現場からも危機感が発信されている。民間団体「セーブ・ザ・チルドレン・ジャパン」が2023年4月に中学・高校に入学する生徒を対象に、3万〜5万円の入学準備金支援の申請者を募ったところ、全国から1815人の応募があった。応募条件は、住民税非課税世帯または児童扶養手当全部支給世帯など。申請時のアンケートで「卒業・新入学準備に必要な費用をどのように捻出する予定ですか」という質問に、「クレジットカードによるキャッシング」が12〜14%、「銀行・消費者金融などからのカードローン」が約9〜10%あった（複数回答）。家族・親族・友人・知人からの借入も含めると、4割超が借金すると回答した。[3]

総合すると、安定した子育てと子どもの生活には世帯の所得保障が欠かせない。同時に支出負担を減らす施策も重要だが、そこに新たな困難を生むからくりが存在する。

「貧困を国がつくる」 支援の前提、所得制限の壁

「子どもが成長したので残業ができるようになって、収入が少し増えて喜んでいたのもつかの間、ひとり親家庭医療費助成が打ち切られた」。辻さんのもとに届いた母子家庭からの相談だ。医療費助成の条件となる年間所得からオーバーした額は5万2800円だった。

別の母子家庭の高校生からも同様の事例が寄せられた。「母親がダブルワーク。私は通学しながらバイトを頑張っているが、働き過ぎると扶養から外れる可能性がある。そうなると生活費や教育費を稼ぐためにバイトを増やさなければならない」。そのことで親が「経済的虐待」、自身が「ヤングケアラー」と言われるのも納得がいかないという。辻さんは「国が負の連鎖を生みだし、貧困から抜け出せない構造になっている。時代に合わせて見直すべきだ」と繰り返し訴える。

ここで、児童扶養手当受給や住民税非課税世帯の所得水準が、妥当なのかどうかということに注目したい。というのも、児童扶養手当の受給や住民税非課税が支援を受ける際の条件になることが多いためだ。例えば、保育料無償、小中学校での入学準備金や給食費などを補助する就学援助、高校生への給付型奨学金、高等教育の修学支援、ひとり親医療費助成、緊急小口資金等の特例貸し付けの返済免除、臨時給付金受給、介護サービス利用料優遇措置などがある。

児童扶養手当は、子どもを育てるひとり親家庭の生活安定と自立促進に寄与するのが目的で、所得

や子どもの数に応じて支給額が変わる。親と子ども2人世帯の場合、年収160万円未満だと、満額で月4万4140円、2人目は月1万420円、3人目以降は月6250円。支給額は段階的に減り、年収が365万円に達すると対象から外れる。2023年3月時点での受給者は81万7967人（母子77万5605人、父子3万8952人、その他3410人）。

住民税非課税も、各種支援要件に組み込まれている。非課税になるのは、生活保護を受けている人のほか、障害者・未成年者・ひとり親・寡婦（夫）の場合で給与収入が年204万4千円未満。自治体によるが、給与収入のひとり暮らしだと年収100万円以下、家族2人を扶養している3人世帯であれば年収205万円以下が目安だ。

児童扶養手当については、賃上げなどで満額支給や一部支給の対象外となるケースが指摘されていたため、2024年11月分から満額を受け取れる年収の上限が160万円未満から190万円未満に、一部支給が受けられる年収の上限が365万円未満から385万円未満に、それぞれ引き上げられる。

昨今の物価高で名目賃金が上がっても、消費者物価の上昇を補い切れず、働き手の購買力を示す実質賃金は伸びていない。冒頭の女子高校生は、シェアハウスなどの現場視察に来たこども家庭庁初代担当大臣、小倉将信氏に次のように訴えた。

「子どものバイト代は、税金や社会保険料の心配をしないで、自分のことや将来のために使わせて欲しい」

まっとうな意見ではないだろうか。

(3) 命の危機　虐待、DV、自殺

複合的な不利と困難　児童虐待32年連続増加21・9万件

3章の若年女性のほとんどは、子ども時代、暴力と隣り合わせで生きてきた。ここでは、「貧困」のレンズから児童虐待を考える。経済的に困窮している人は暴力行為に走りやすい、という話ではない。寺内さんや辻さんとつながった女性たちを念頭に置きつつ、困難のなかにいる人を支えるための具体的な議論をしていくうえで、避けられない重要テーマと位置付けたい。

2022年度に全国の児童相談所が子どもの虐待について受けた相談は、21万9170件（速報値）で過去最多だった。32年連続の増加となった。最多は「心理的虐待」で、59・1%（12万9484件）。子どもがいるところで配偶者や家族に暴力を振るう「面前DV」は心理的虐待にあたり、警察から児童相談所に情報提供するケースが増えているため、近年割合が上昇傾向にある。次いで「身体的虐待」が23・6%（5万1679件）、「ネグレクト（育児放棄）」が16・2%（3万5556件）、「性的虐待」が1・1%（2451件）だった。

2021年度に虐待を受けて死亡した子どもは74人で、内訳は心中以外の虐待死が50人、心中による虐待死が24人。心中以外で亡くなった50人のうち24人が0歳だった。

児童相談所の調査からは、子どもが育つ家庭の経済的状況と児童虐待との関連性がうかがえる（図

表2）。

　この調査は、２０１３年４〜５月、全国２０７カ所の児童相談所が受理した虐待事例について、担当児童福祉司が回答する形で行われた。虐待に該当した７４３４件を対象に、虐待につながると思われる家庭の状況についてまとめている。最多は「虐待者の心身の状態」で32・2%、次に「経済的な困難」26・0%、「ひとり親家庭」24・2%と続く。さらに、合わせて見られる状況の上位３つを担当者が選んでいる。「経済的困難」と無縁ではないことが分かる。

　貧困と児童虐待について、30以上の国内の代表的な文献や調査をレビューした報告書[1]によると、すべての論考が貧困と虐待との一定の強い相関を認めていたという。一般世帯の生活保護受給率などに比べて、虐待問題を抱える家庭における生活保護受給の比率が著しく高い点などが論拠になっている。特に、ネグレクトで、その比率が高いことが共通して

図表2　虐待につながると思われる家庭・家族の状況
（複数回答、子ベースで集計）

家庭の状況			あわせて見られる他の状況上位3つ		
1	虐待者の心身の状態	2397件（32.2%）	①経済的な困難	②ひとり親家庭	①育児疲れ
2	経済的な困難	1935件（26.0%）	①虐待者の心身の状態	②ひとり親家庭	③不安定な就労
3	ひとり親家庭	1799件（24.2%）	①虐待者の心身の状態	②経済的な困難	③不安定な就労
4	夫婦間不和	1564件（21.0%）	①DV	②虐待者の心身の状態	③経済的な困難
5	DV	1484件（20.0%）	①夫婦間不和	②虐待者の心身の状態	③経済的な困難

平成25年度児童関連サービス調査研究等事業報告書「児童虐待相談のケース分析等に関する調査研究」結果報告書（主任研究者　桜山豊夫全国児童相談所長会会長、こども未来財団、2014年3月）より筆者作成

いた。家族の様々な不利や困難が重なり合う中で虐待が生じており、貧困も「複合的要因」の一つとして挙げられる。加えて、貧困と社会的孤立に関連がみられた。

助かる経験、先に

以上を踏まえると、子育てと同時並行で進む困難に苦闘する親の姿が浮かびあがってくる。「親の責任放棄だ」などと非難しても、子どもの命は救われない。そうではなく、一緒に考えてくれる人、一緒に行動してくれる人、受け止めてくれる人がそばにいて、実際に生活が助かる経験が安心感につながるという道筋が見えてくる。

「私の家のこと、どこまで知ってるん？　気軽に共感して欲しくない」と小学生から言われたことがあるという辻さんは、「傾聴や共感はもちろん大切だけれど、解決までが必要。傾聴だけされても解決にいたらないので、結果的に公的支援につながらない。あきらめをうむ」と言う。だから、「聞かない」（寺内さん）で、先に「助かる経験」を届ける。従来の考え方ややり方は、渦中にいる親子の目には「順番の取り違え」に映っているかもしれない。

5人に1人「命の危険感じた」～DV

次に、配偶者や交際相手からの暴力について確認していく。内閣府によると、全国の配偶者暴力相談支援センターや内閣府の窓口へのＤＶ相談件数は、２０２２年度は約17万件だった。[2]約18万２千件で過去最高だった2020年度より少ないが、高止まりが続く。また、警察庁のまとめでは、配偶者からの暴力事案について、警察への相談件数は増加傾向が続き、2022年は8万4496件（前年比＋1454件）で、2001年のDV防止法施行後、最多だった[3]。離婚後に引き続き暴力を受けた事案や、同居する交際相手からの暴力なども含まれている。

2020年度の内閣府「男女間における暴力に関する調査[4]」では、結婚したことのある回答者のうち、配偶者から体や心などへの暴力を受けた経験が「あった」と答えたのは、女性の4人に1人（25・9％）、男性の5人に1人（18・4％）だった。女性の10人に1人は何度も受けていた。また、女性の5人に1人は命の危険を感じた経験がある。

暴力には身体的暴行以外に、心理的攻撃（人格否定、監視、長期間無視、脅迫など）、経済的圧迫（生活費を渡さない、給料や貯金を勝手に使われる、外で働くことを妨害されるなど）、性的強要がある。暴力の本質は、力の差による支配であり、権力の乱用だ。力関係の中でこそ、暴力は「効果」を発揮する。「黙って言うことをきいておけば、力を行使しない」（例えば、殴らない）、裏を返せば「言うことをきかなかったら力を行使するかもしれない」というメッセージは、弱い立場の側に緊張や葛藤といったストレスを強いる。また、親子や夫婦、家族、交際相手といった親しい間柄での暴力は外から見えにくく、分かりやすい形では表れない。

「逃げる」を支える

1章（2）の恵美さんは、25年間、夫の暴力に耐えた。「誰かに助けを求めたとしても、次に何が起きるのか怖かった」と語っていた。相談後に孤立することを恐れていた。3章の若年女性らも、子ども期に虐待を受け、母親になる前後でも暴力にさらされてきた。

辻さんのもとには、一時保護やシェルターに逃げることをためらう声が寄せられる。仕事や学校など、日常をいったんリセットする必要があるため、よほどの覚悟がないと選択してくれないという。例えば、避難先でのスマホ使用制限は若者には酷なこと、中・高校生の場合は友人関係や進路を優先して暴力に耐えること、きょうだいの年齢や性別で親子一緒の保護ができない場合があることなどが現実だ。これらも「孤立」の形だと考えることができる。

私は1章（1）ののんちゃんが雪の中、車から降ろされた場所を同日同時刻、たずねた。時折車が通り過ぎるが、歩いている人はほぼいない。のんちゃんが暮らした地域にも足をのばした。街灯が少なく、夜は道路に積もった白い雪に明かりが吸い込まれ、余計に周囲の闇が際立つ。たった一人で子どもを育てるかどうかの岐路に立つ女性にとっては、のみ込まれるような恐ろしさがある。

孤立覚悟の「逃げる」には、物理的心理的な心細さを和らげる支えが求められている。逆にいえば、SOSを出した時に寄り添ってもらえないことがどれほど絶望を生むか。寺内さんと辻さんは別々に、全く同じことを言った。「誰も助けてくれない、と刷り込まれていく」

自殺　コロナ以降、女性増

２０２２年の自殺者数は、２万１８８１人となり、対前年比８７４人（約４・２％）増だった。[5] 女性は７１３５人。女性の近年の自殺者数は、２０１１年の９６９６人から年々減少していたが、コロナ禍に入った２０２０年から3年連続で増加している。コロナ禍でＤＶが深刻化したことが、自殺につながった可能性の一つとして指摘されている。

女性の自殺者のうち、妊産婦が65人いた。[6] 年齢別では「30歳代」が32人、「20歳代」が22人、「40歳代」が11人。20歳代の自殺者の約３％、30歳代の自殺者の約４％が妊産婦だった。妊娠中の自殺の約7割は20歳代で、産後1年以内の自殺の約８割は30～40歳代だった。妊娠中の自殺は約６割が配偶者なし（未婚、離別）だった一方、産後1年以内では配偶者ありの割合が約９割と大きかった。

「個人の問題」とみられがちだった自殺は、２００６年に自殺対策基本法が施行され、「その多くが追い込まれた末の死」という認識のもと、対策が取り組まれてきた。[7] ２０１６年に法改正され、すべての都道府県と市区町村の自殺対策計画策定が義務化された。自殺には複合的な原因や背景があり、様々な要因が連鎖するなかで起きていると言われている。

図表3　G7各国の女性の自殺死亡率
（人口10万人あたりの自殺者数）

日　本	10.5
フランス	6.1
アメリカ	5.7
ド イ ツ	5.4
カ ナ ダ	5.0
イギリス	3.9
イタリア	2.7

＊男性は1位アメリカ（22.9）、2位日本（22.6）
出典：令和５年版自殺対策白書

「相談」とは何か

取材で出会った女性たちは経済的困窮に端を発したしんどさを抱えていた。「死にたい」と言ったり、自殺を企図したりした人もいた。相談機関でくじけてもなお、誰か助けてくれないだろうかとインターネットを使って、つながる線を探していた。なんとか生きて、親としての責任を果たそうとしていた。そうした女性たちの背中をどう支えられるのか。寺内さんがシンママ大阪応援団を立ち上げた後にしばらくして気付いた、「相談だけではどうにもならない」という言葉に尽きる。別の角度から言えば、「相談」とは何かを再定義することを突きつけている。

のんちゃんは、各相談窓口に行って、「パンフレットが溜まるだけだった」と話していた。相談とは、困り事に最適の場所を紹介することなのか、話を聞いて課題を整理することなのか、解決の一歩まで寄り添うことなのか。女性たちの話を踏まえれば、まるごと受け止めたうえで具体的解決に伴走することが必要とされている。児童虐待やＤＶと同じだ。命がかかっている、ということはそういうことではないだろうか。

(4) 生活保護　原則認められない大学進学、受給への抵抗感

生活保護は憲法25条が保障する生存権、つまり健康で文化的な最低限度の生活を営む権利を具現化した制度だ。生活保護についてはいくつもの論点があるが、ここでは大学や短大などへの進学と奨学

金、利用に対する抵抗感とその背景に絞る。というのも、子どもとシングルマザーの取材をすると、ほとんどのケースでこれらの課題に行き着くからだ。

高校卒業時点の生活保護受給世帯の大学等進学率（2022年）は、42・4％で、全世帯の76・2％との差は大きい（図表4参照）[1]。制度上、保護を受けながらの進学が認められていないためだ。高校（あるいは中学）卒業後は働いて収入を得ることが、前提になっている。進学する場合は、進学した子が生活保護世帯の対象から外れる。家族と一緒に住む場合でも、学生の分の生活保護費が支給されなくなる。これを「世帯分離」という。例えば、世帯分離前は3人家族で月20万円支給されていた保護費が、世帯分離後は2人分15万円に減るといった具合だ。家族は引き続き生活保護を受けられるものの、学生の生活費や学費は奨学金やアルバイトなどで用意しなければならない。また、国民健康保険に加入する必要がある。

図表4　生活保護世帯の子どもと全世帯の子どもの進学率（％）

	生活保護世帯	全世帯
高校進学率	93.8	99.1
高校中退率	3.3	1.2
大学等進学率	42.4	76.2
うち大学・短大	23.3	55.9
うち専修学校・各種学校	19.1	20.2
中学卒業後の就職率	1.1	0.2
高校卒の就職率	39.6	15.6

＊生活保護世帯は2022年4月1日時点、全世帯は2020〜21年度の文部科学省調査から厚生労働省が算出・作成した値

奨学金が頼みの綱、世帯分離「きつい」

では、生活保護世帯の大学生らはどのように費用を工面して学生生活を送るのかというと、奨学金に大きく頼ることになる。厚生労働省の2017年の調査[2]によると、生活保護世帯出身で在学中の2025人（自宅生）の場合、年間平均収入額は奨学金107万7千円、アルバイト63万7千円、家庭からの給付5万5千円。奨学金を利用する学生は86・5％で、貸与型が68・8％、給付型が8・7％などだった。貸与型の年間受給額は平均で116万4千円、給付型は37万7千円。また、世帯分離による保護費減額の影響として、57％が食費の節約、55％が衣類の買い控えと答えた。

2018年度、大学進学の際に10万～30万円の一時金が支給される進学準備給付金制度が整備された。2020年度には、生活保護を含め、低所得世帯向けに、高等教育の修学支援新制度が始まった[3]。2021年度の修学支援新制度の支給実績は31万9241人で、そのうち生活保護世帯出身者は1万328人だった[4]。

シンママ大阪応援団の支援をうけている生活保護世帯の母親は、娘の大学進学と通学は、世帯分離の制度で可能になっているという。保護費は4万円減額されて「きつい」が、民間の給付型奨学金を受け、制度でカバーされない学費を含めてやりくりしている。

一方、自宅外生、学費が高額で奨学金では到底まかなえない学部、親からの虐待、家族の介護、バイト詰めによる心身の不調、実習の間アルバイトができないなど、様々な事情によって「常に崖っぷち」の学生も少なくない。最低生活費で暮らす家族と同居しながら、学業とバイトとのバランスに苦心し、貸与型奨学金を受けながら退学に追い込まれれば、借金だけが残る。家族からの経済的援助が期待できない場合、大学で学ぶことがリスクに転じる可能性がある。

偏見の目に「死んでもいや」　政治家発のバッシング

次に、生活保護への抵抗感について考察する。前提として、生活保護の世帯類型は図表5の通り、高齢者世帯が圧倒的に多い。母子世帯は減少傾向で、その他世帯は2008年のリーマンショック後に増えた。

寺内さんは、「生活保護は死んでも嫌だ」と拒否反応を示す母親たちを何人も見てきた。地方出身の女性から次のように言われたことがある。

「役所に生活保護の相談をしただけでうわさになる。民生委員が言って回る。病院の窓口で『生活保護の人〜』と言われているのを何度も見聞きしている。親きょうだい親戚が、恥さらしと言ってくる。だから、

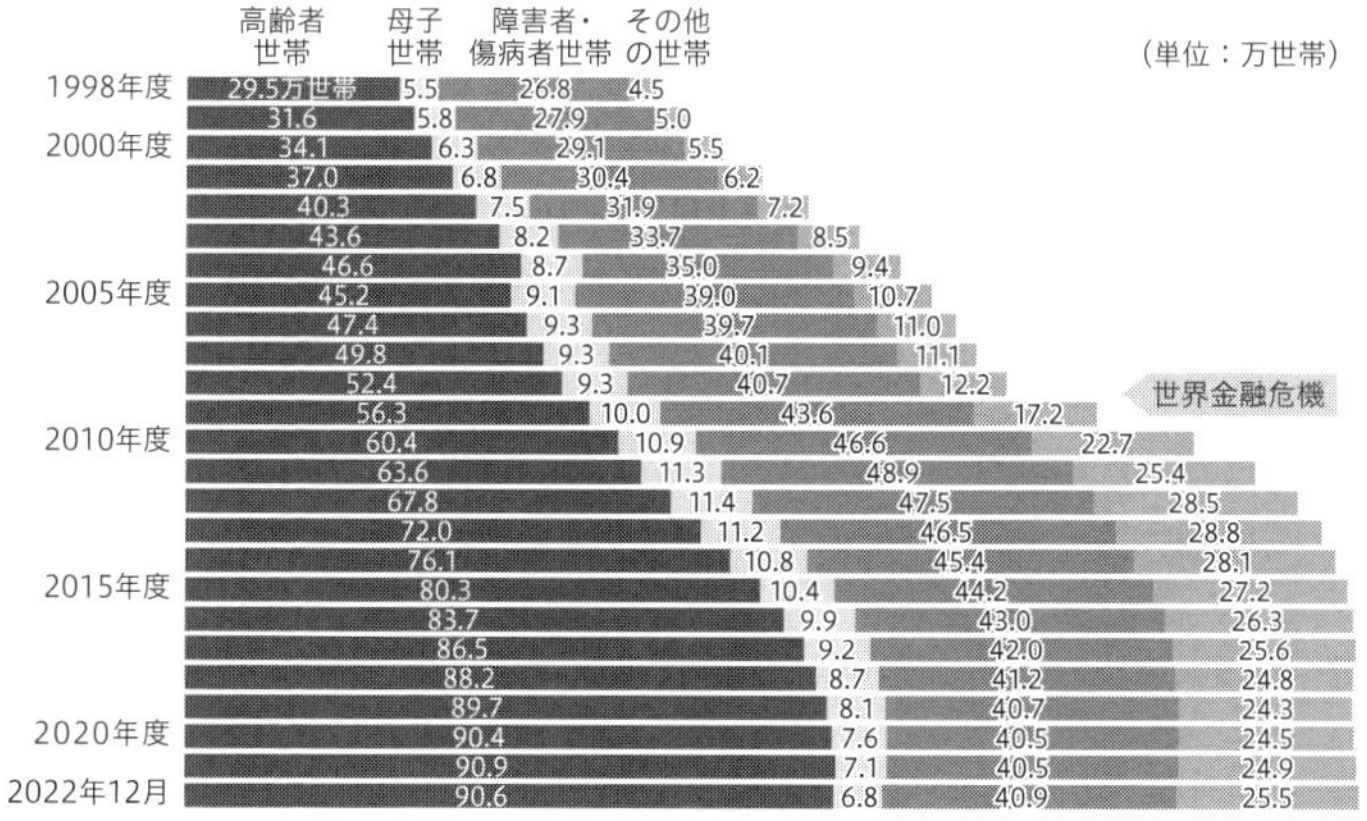

図表5　世帯類型別の生活保護受給世帯数の推移

出典：厚生労働省の資料

死んでも生活保護は無理なんです」

また、別のシングルマザーには、「友人たちが生活保護バッシングをしているのを聞いた。もし自分が利用したら、そんな風に言われるのだと思うと無理だ」と言われた。

2012年、「生活保護たたき」の嵐がメディアを通じて吹き荒れた[5]。自民党の片山さつき議員が、お笑い芸人の親族が生活保護を受給していたことを「不正受給ではないか」と発信した。片山議員は「生活保護は生きるか死ぬかがもらうもの」などと発言した[6]。なお、当該お笑い芸人の親族の場合、不正ではなかった。

生活保護費全体に占める不正受給額は0・29％[7]。約6割が、稼働収入の無申告や過少申告だ。不正は許されないことであり防止は当然だ。一方で、生活保護に対する世間の印象は実態と離れている。生活保護制度に関する市民意識調査[8]では、生活保護受給世帯全体に占める不正受給の割合について「どのくらいだと思いますか。直感でお答えください」と質問したところ、平均30・0％だった。相当数の人が不正受給の割合を過大に見積もっていることが分かる。

3章（2）のマコさん（19歳）は、「生活保護も考えたけど、もらったら、親として終わりやと思った」と話した。子どもの父親にあたる男性はマコさんのもとを去り、具のないみそ汁で食事をすませながら一人で生後間もない乳児を育て、光熱費や家賃を滞納していたマコさんの状況は、客観的には「生きるか死ぬか」のレベルにみえる。それでも本人は「だらけてると思われないように」と、矛先を自分に向けていた。

「生活保護たたき」が起きた2012年の時、マコさんはまだ小学生だった。「生きるか死ぬか」といったパワーワードは広まりやすいが、当時子どもだった人や、その後困難に直面した人々の「いま」を苦しめている。破壊力がある言葉だからこそ、受け止める側は冷静でありたい。一人ひとりが、「声の小さい人」のために、「声の大きい人」に加担しないことはできるのではないだろうか。

嬉しい報告も

ところで、最近、寺内さんのもとに「嬉しい報告」が届いた。職場で正職員になることが決まったというシングルマザーからだ。5年以上の受給を経て、「卒業」する。以下、本人の承諾を得て、一部引用する（プライバシー保護のため変更部分あり）。

病気治療中に離婚して困窮する中、人並みの暮らしをし、子ども2人を健全に育てる事が出来たのは言うまでもなくこの制度のおかげです。生活保護にはもう何の偏見も躊躇もなく、ただただ感謝の気持ちしかありません。

社会の目線にはたくさん傷つきました。でもその中で、支えて下さる方々の存在を知りたいへん励まされました。

ケースワーカーさんからは「保護からは今後抜けることになりますが、困ったらいつでも相談に来て下さい。切れたらもう保護を受けることができないと思っている方もいますが、誰でもいつでも受けれる制度です」と、とても安心の出来る声も掛けて下さって涙が出ました。

恩恵を受けながらも初期は生活保護に関して偏見意識を持っていた私。人に話せず、子ども達にもなかなかカミングアウト出来ずにいたことが大きな証拠です。保護を受けることがなぜかダメだと見えていた世界から、私は数年かけて、助け合う優しい世界へ視点を変えることも出来ました。

寺内さんと出会わなかったら私は子どもたちに部活動を制限したり、買いたい本を買ってあげず、まともに食べさせず、働き詰めで疲れ果てた大人の姿を日々見せて、子どもたちは大人になることに少なからず絶望感を抱いて成長し、経済的虐待に近い生活を子どもたちに強いることになっていたと思うのです。大げさではなく、そうなっていました。本当にそうならなくてよかった。

寺内さんは、シンママ大阪応援団とつながる女性たちに、「働いても最低生活費以下の収入しか得られない日本の労働の状況が間違っているのだから、大きな顔をして生活保護を利用しよう。いつでもやめられる」と勧める。「生活保護は権利、生存権保障」と説明する。しかし、なかなか響かないという。「経験したことがないので分からないのです。だから、しんどいときに帰る実家のないあなたのために、国が代わりに休んでいいよって言ってくれているのが生活保護」と伝える。

この「卒業」した女性は、生活保護を受けたことを「バネの強化期間」と表現した。「卒業」すれば、学費の免除額や奨学金が減る。実際の収支バランスを比べれば、正職員で働く方が少し厳しい。女性は「生活保護を受けている方が得だという考え方もあるけど、数年間支えられて、基盤ができた。基盤ができると人は強くなれるんですね。離婚した時は、よわよわでしたから」と振り返った。

「（生活保護は）一度入るまでは難しい。でも、入ったらあまりにもあまりにも快適なので出ない」「働くより有利」などと拡散する側が見ているものとは、別の風景がある。

コロナ禍の2020年、厚生労働省は「生活保護の申請は国民の権利です。生活保護を必要とする可能性はどなたにもあるものですので、ためらわずに自治体までご相談ください」と呼びかけるメッセージをウェブサイトにあげた。異例のことだ。

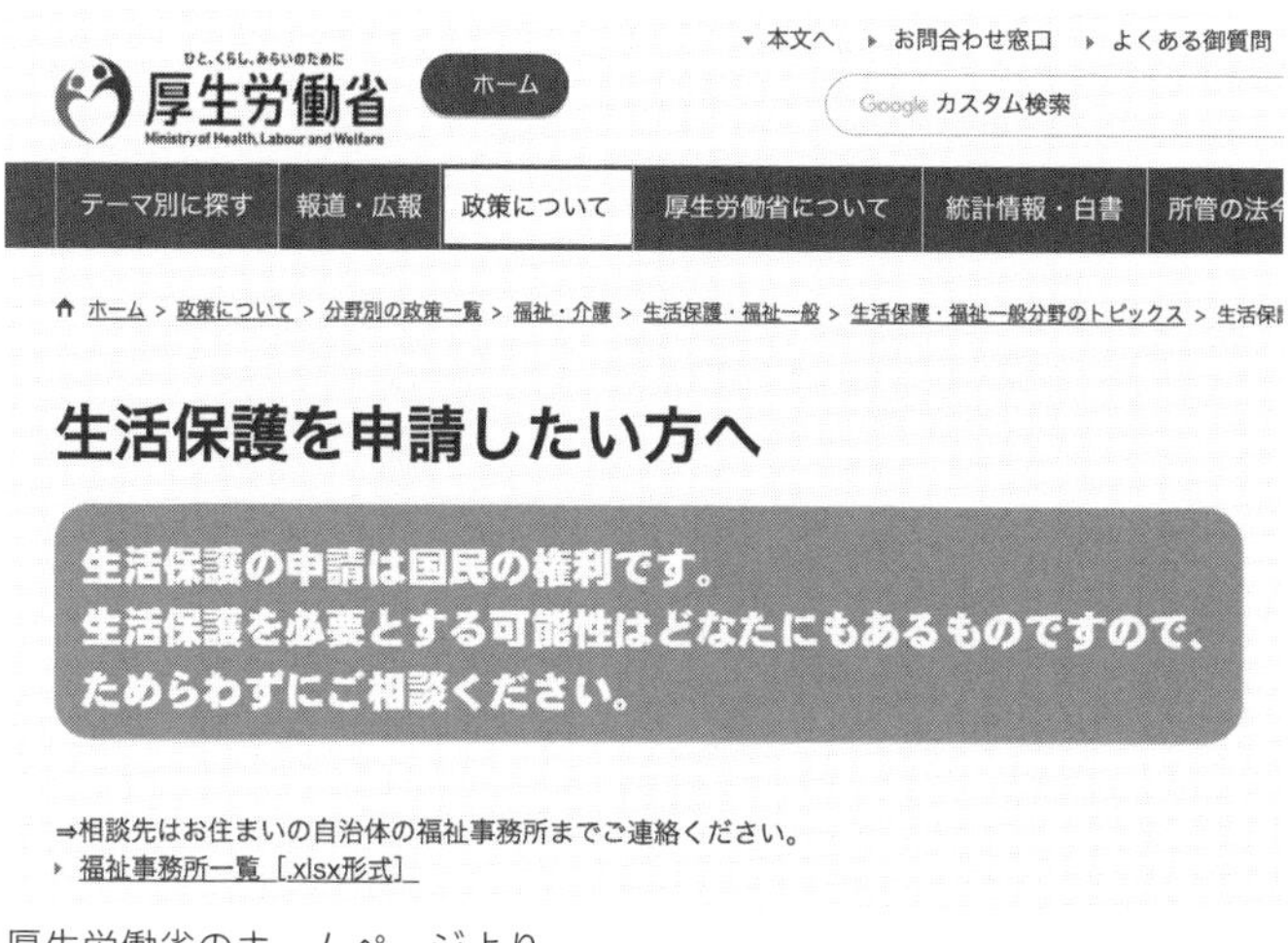

厚生労働省のホームページより

(5) 施設や里親を離れた子ども・若者　社会的養護と子どもの権利

虐待や親の病気や死亡、経済的困窮といった様々な事情によって、児童養護施設や里親家庭などで暮らす子どもは、約4万2千人いる。こうした「保護者のない児童や、保護者に監護させることが適当でない児童を、公的責任で社会的に養育し、保護するとともに、養育に大きな困難を抱える家庭への支援を行うこと」(こども家庭庁)を、社会的養護と言う。「こどもの最善の利益」「社会全体でこどもを育む」を理念としている。

3章のマコさん、ミホさん、トウコさんは施設入所や一時保護の経験がある。「最善の利益」として保護されながら、そこでの暮らしには否定的な感想を持ち、その後の生活は支え手が少なく、厳しい現実に直面していた。社会的養護を離れた子ども・若者は「ケアリーバー」と呼ばれる。ここでは、ケアリーバーの声を通して、一人ひとりの生きる権利が守られるために必要なことを見ていきたい。

生活費・学費に悩み3人に1人　初のケアリーバー調査

ケアリーバーについて、国による全国調査が初めて行われたのは2020年。回答者の3人に1人が生活費や学費で悩んでいることが、明らかにされた。[1]

施設は、原則18歳(最長22歳)で出なければならない。その後の「アフターケア」が行き届いていないことが長年指摘されてきたなか、ケアリーバーのなかには出身施設への遠慮などもあり、誰にも相談できずに不安定な状況におかれることも少なくない。こうした現状を把握し、支援を充実していくために調査が行われた。約2万人が対象となったが、回答したのは2980人。連絡先不明などの理由で調査票の案内ができなかった人が、対象者の3分の2を占めた。

回答者の主な年齢は18〜23歳。施設などを出た直後の進路は就職・就労が約54%で、進学・通学は約36%だった。現在「働いている」を回答した人の雇用形態をみると、「正社員」の割合が最も高く51・8%、「パート・アルバイト」が34・5%、「契約社員・派遣社員」が8・6%だった。

図表6の通り、同居している相手は、「ひとり暮らし」が最も高く51・7%。次に「親」が21・3%、「交際中の人・配偶者（結婚相手）」が17・2%だった。同居している相手について「子ども」と回答した人の子どもの年齢は、1〜2歳が62・8%（91人）、次いで0歳、3〜6歳と続いた。

月々の収支バランスをみると、「収入と支出はほとんど同じくらい」の割合が最も高く31・4%、次いで「黒字」26・8%、「赤字」22・9%だった。「現在の暮らしの中で、困っていることや不安なこと、心配なこと」（複数回答）は「生活費や学費」が33・6%で最多。

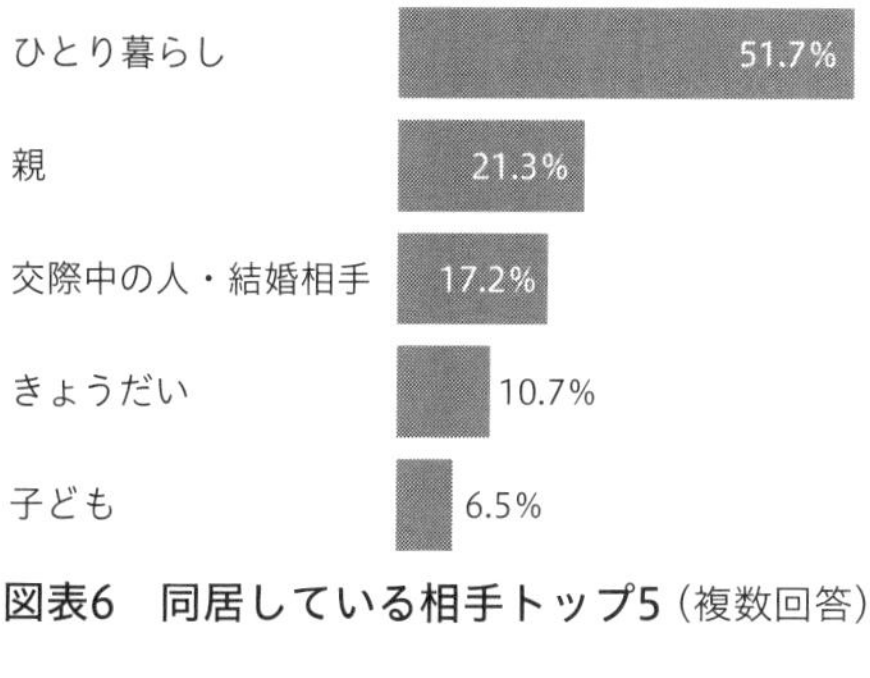

図表6　同居している相手トップ5（複数回答）

「将来」31・5%、「仕事」26・6%などが続いた。

自由記述では、「生活費のために生活の中心がバイトになってきていて、学校の授業・課題の方が疎かになっている」「精神的にも身体的にも体調が悪いなか、仕事も家事も全て自分でやり、不安を口にすることもできない。生きる上で最終的な逃げ場（安全な場所）がない」「家賃や光熱費が払えない」「奨学金が数百万円近くあり、返済の見通しが立たない」など窮状を訴える声が並んだ（一部抜粋）。

一方、サポートで良かったこととして「自分は親がいないため就職する際に未成年後見人を探してもらい就職できました」「ダンボールで食料を届けてくれたこと」「一人暮らしの家に来てくれたことや、通話で、悩みを聞いてくれたり、たわいもない話を聞いてくれたりと、退所してからも色々と考えて連絡をとってくれて嬉しかった」といった具体的な困り事に応答された経験が挙げられていた。

長期的見守りへ　「声」から考える

退所した施設などからのサポートは、19・4%の回答者が「何も受けなかった」とした。長期的な見守りや支援に向けた課題が浮き彫りになり、こうした状況を改善するため、2024年度施行の改正児童福祉法で、[2]社会的養護の一律の年齢上限がなくなる。ケアリーバーの実情把握と自立援助が都道府県の役割として位置付けられ、自治体や施設が必要だと認める間は、支援できるようになる。また、相談やケアリーバーが交流できる拠点の整備も進められる。

1947年に制定された児童福祉法が、子どもを「権利主体」として初めて位置付けたのが201

6年。2024年施行の改正法は子どもの権利の保障を推し進めるものと言える。[3]

子どもの権利に詳しい佛教大学の長瀬正子さんは、社会的養護の経験者から発せられる言葉を聞き、研究してきた立場から、子どもの「声」の保障にあたって必要なこととして、小さな「声」を無視しないことや、尊重と敬意を持つことなどを挙げる。[4] 社会的養護という仕組みにつながって命が守られること、また自分を承認してくれた人との出会いが人生の活力となっていることに注目する。また、失われ、奪われやすい子どもの「声」だからこそ、声を引き出す工夫と理念を学ぶ必要を強調する。

人権教育としての性教育を実践している4章（2）の大阪市立生野南小学校の校区には、児童養護施設があり、様々な事情を抱える子どもたちが通う。同小は「暴れる」力で自己表現していた子どもたちに、言葉の力で思いを伝える経験を重ねられるよう国語科教育に力を入れた。子どもの権利も学ぶ。言葉を知り、使って、自分のものにすることで、「声」を出せるようになる教育実践だ。

「理解深めて」 問われるのは聞く側の姿勢

社会的養護というレンズが、社会的不利な立場に置かれた人々に関わる諸問題をひもとくヒントのように思える。寺内さんと辻さんの寄り添いを、もう一度とらえ直してみる。

「私なんかがいただいてもいいでしょうか」「私よりもっと困っている人にしてあげてください」「こんなものをいただいたら申し訳なくて罪悪感があります」「こんな良いことがあったら、あとで絶対に悪いことが待っている気がします」

これらは、シンママ大阪応援団の支援を受けた女性たちの声だ。寺内さんは「こうしたことを言うママさんたちには、これまで耐え難く辛い経験をしている。信じていたものに裏切られた経験、助けを求めたのにはねつけられ傷つけられた経験」と察する。親、夫、パートナー、役所、そして残念ながら支援者にも。だから、「あなたが一番困っていると思うよ」「罪じゃないよ」「良いことあったらもっと良いこと続くと思うよ」と、説明や情報共有を続ける。辻さんは自身の価値観や予想を超える場合でも、「そうきたか！」とまず丸ごと受け止める。声は聞かれてこそ「声」になる。つまり、聞く側の姿勢が問われている。

最後は、前述のケアリーバー調査で紹介されていた自由記述のメッセージで締めくくりたい。

「やはりまだまだ施設の子だからと差別を受けることがあると思います。施設で生活してない人たちからすれば、施設の子達を理解することが難しいのかも知れませんが、少しでも多くの人たちが、施設で暮らしている子も親が側にいないだけで、可哀想だと決めつけられないように、平等に評価を受けられるように、施設への理解を沢山の人に深めていってもらいたいと思います。施設の子達がこれからも生まれてきてよかったと思えるような、周りの子たちと変わらない生活ができることを願っています」

「困っている人達に手を差し伸べてくれる国や自治体であってほしいです。今回のように、もっと私たちの声を聞いて頂けないでしょうか。よろしくお願いします」

まとめ

「有害な」まなざしと語りへの抵抗

貧困を語る「言葉」　歴史をたどりながら

くり返し聞いてきた言葉がある。

「こうなるのが分かっていて、離婚したんですよね」「母親なんだから責任持たなきゃ」「もっとうまくやれるでしょう」

経済的困窮とそれに連なる困難（以下まとめて「貧困」とする）を抱える女性たちが、苦しみのなかで他人から投げかけられたものだ。言った側は「励まし」のつもりであっても、言われた側は別の受け止めをする。

寺内さんは行政や政治から向けられる「自己責任」のまなざしに抵抗しつつ、危機感を抱く。

「ぱっと見ただけでは、それほど困っているように見えない。でも、誰も頼るひとがいない。精神的にしんどくて、思いがうまく伝えられない。独りぼっちだということがどういうことなのか、わからないのか。あまりに想像力がなさすぎて、あきれ果てる。そして、そういう繰り返しで、誰も助けてくれないのだと刷り込まれる。小さな微かなＳＯＳでなぜ動かないのか。ママを独りぼっちにして絶望させて、子育てができるはずがない」

尊厳を傷つけ、力を奪う。自己責任の強調には、そうした暴力性がある。

〝問題〟は「貧困」か「貧困者」か　イギリスの歴史をたどりながら

貧困をめぐる言葉や議論は、常に自己責任的なものとの闘いを繰り返してきた。貧困が問題なのではなく、貧困者が問題とされてきた。その歴史の一部を振り返る。ここでは、産業革命を最初に経験し、工業化にともなう貧困問題が最初に生じ、また最初に経済学が発展したことで貧困研究が盛んになったイギリス[1]を例に挙げる。

１６０１年に救貧法、つまり貧困で苦しんでいる人を救う法律がイギリスでできた。しかしそれは、救済すべき人と救済に値しない人の選別や施設収容での労働など、様々な問題を抱えていく。「劣等処遇」という考えのもと、救貧法で救済される人の生活水準は、働いている最下層の労働者の生活レベルより低くなるよう徹底した。[2]

「貧乏人は、一家の独立を支え得る望が、ほとんど、または全くないのに、結婚する。そのため、この法律は、ある意味では、貧民を製造してそれを生かしておく法律だといえる」「独立のできない貧民というものは、恥ずかしめておくのがいい。人類全体の幸福を増進するためには、こういう刺激は絶対に必要である」[3]

こう綴った本が1798年、イギリスでベストセラーになったという。古典経済学者ロバート・マルサスの『人口の原理』だ。その主張を端的に言えば、人口が増えるほどに食料は増えないため、人口過剰と食料不足に陥り、安易な救済は貧困の拡大を招く。見通しがつくまで、道徳的抑制で結婚や出産を控えるべきだというものだ。

『初版 人口の原理』(岩波文庫)の訳者、大内兵衛の解説によれば、出版当時のイギリスは、フランス革命の影響と同国との戦争で物価が高騰し、食糧不足で人心が険悪な時代だったという。そこに、貧民救済の条件を緩めようとする動きがあり、国庫の負担が増えると思った人々からマルサスが支持された。生存権の否定とも言える主張は、18世紀後半、「産業資本家や、やや地位を失いつつあった土地保有者という支配者階級にとっては、朗報とみなせる経済思想」[4]だった。

「貧困」のとらえ方

工業化が進み、賃金労働者が増えていくと、社会的に立場が弱い人々が酷使され、ロンドンでは失業者やホームレスがあふれた。貧困問題への関心が高まり、調査が行われ始めた。[5] 一定の尺度で測定した結果、人口の30％前後が貧困だと報告された。

まず初めにロンドンで調査したのが、「ブース汽船会社」のチャールズ・ブースだ。1880年の大不況下、貧困は「個人の責任vs社会の構造的問題」という論争が展開されるなかで、経営者のブースは「労働者階級の四分の一以上が困窮している」という社会主義者による調査結果を誇張だと考えた。生産物のコストを低下させて労働者の生活水準の向上をもたらしているという自らの経営観の正しさを証明しようと、職業階層（就労形態）に注目して大都市のロンドン市民を調べた。「見苦しくない自立的生活」といった視点で考察され、結果、貧困とされたのは社会主義者の主張を上回る32・1％だった。また、働いていても貧しい、つまりワーキングプアの存在が明らかになった。調査を契機に、ブースは高齢者の貧困にも着目していった。[6]

ブースのロンドン調査に刺激され、「田舎町の代表的な型」として人口約7万6千人の地方都市ヨークで、賃金所得者の貧困を調べたのがシーボーム・ラウントリーだ。父親が経営するココアと製菓の会社重役だったラウントリーは、収入と家計、特に食費に着目し、「肉体的能率の保持」という点から27・8％が、貧困という結果をえた。[7] また、生涯のうちに貧困に陥りやすい3つの時期（子ども期、子育て期、老齢期）を見いだした。こうした結果によって、貧困が個人的問題から社会が対応すべき責務として受け止められる土壌ができた。年金や児童手当などの重要性を示唆し、戦後の福祉国家建設への道を切り開いた。[8]

1950年代以降、福祉国家のなかにも貧困がある、と批判したのが社会学者ピーター・タウンゼントだ。タウンゼントは、ある程度標準化した社会の貧困を測定する方法として「剥奪」という概念を用いた。例えば、「1週間に4日以上肉を食べることができるか」「冷蔵庫を持っているか」など、実際の生活様式に着目した。社会参加できないほどの貧しさを相対的に把握し、政策の批判的検討をしていった。[9]

ラウントリーの「絶対的」か、タウンゼントの「相対的」か、どちらが正解かというのではなく、近年、統合的にとらえた考え方を示しているのがルース・リスターさんだ。リスターさんは、イギリスの反貧困運動・政策提言団体「チャイルド・ポバティ・アクション・グループ」の元代表で、研究者であり、現在は労働党の貴族院議員だ。「容認できない困窮」と、屈辱や人権の否定など抑圧の側面とは連動していると論じる。[10] 困窮下にある人が主体的に経験を語り、尊厳をもってその声が表現されることや、不正義の問題として様々な領域や実践の場で議論されることで、政策の発展を求めている。リスターさんは「哀れみではなく力を（Power not pity）」と表現している。寺内さんや辻さんが、助けを求めて来た人たちと一緒にあらがっている人権の否定や人々からの軽視と本質的な部分を共有していると言える。

人間の側に立つ

ここで、辻さんが述べた「人生で困らない人はいない」を思い出したい。辻さんは社会福祉士の資格を取る際に、勉強してラウントリーらのことを知っている。100年以上前にイギリス人が明らかにした論点を、「大阪のおばちゃん」語訳で繰り返し伝えているとみることができる。貧困をどうとらえるか、自己責任でないなら何が要因か、どう対応するのか、というステップを行きつ戻りつしてきた歴史をふまえれば、揺れやすいからこそ、どのようなまなざしを持つのかが重要だ。

「お金がないのにどんどん子ども産むねん」

日本のある地方都市でふと耳にした言葉として「はじめに」で紹介したように、マルサスが示した考えと同一線上にあり、それは200年以上の時間と空間を超え、衰えていない。

戦後、国の社会保障制度審議会の初代会長を務めた『初版 人口の原理』の訳者、大内は、その解説で、マルサスの視座とその空気感を次のように喝破している。

「人間は生物である。（中略）人間の生物的本能を孤立した要因とし、それから社会の問題に対する答を求めようとすることほど非科学的なことはない。しかし、『苦しいときの神だのみ』である。一切の社会的な条件が自己に反映してその複雑さのためにその科学的解釈ができないとき、人は神秘的な永遠の宿命によってそれを解釈する。これは一ばん古典的な思考方法である。（中略）一家の貧困、一社会の貧困がわが身の問題となるとき、多産とそれについての本能の罪が呼び出される。そして人間のもつすばらしいエネルギー、それにもとづいて現在の社会がもつようになった偉大なる生産力の方が忘れられる。このようにして非科学的な常識はくり返し再生産される（1962年4月20日）」

辻さんは「人間が生き物ということを忘れている。（多くの人は）人生が事業計画通りにいくと思ってるんじゃないですか」と問題提起する。大内はマルクス経済学者で、東京大学教授で社会主義協会設立の経歴を持つが、辻さんは「○○思想」でも「○○主義」でもない。ただただ、手探りの子育てのなか、あちこちでガチンコ勝負をして到達した結果、目の前の人間の側に立っている。

語らなさすぎた時間を経て

大内が前述の上記解説を書いた3年後の1965年、厚生省はこの年を最後に、生活保護世帯と同じくらい極めて現金支出の少ない世帯の推計である「低消費水準世帯」の調査をやめている。同調査では、1953年が約204万世帯、1083万人（全世帯人員の12・6%）、65年が約153万世帯、478万人（同4・9%）だった。[11] この調査終了の理由について、当時の同省職員がNHKの2015年の番組取材に、「昭和20年代の失業者なんかもういない。仕事なんかいくらでもある。給料高いし。貧乏人ってどこ探せばいいんだって時代が出てきた。だから調査する必要ない」と述懐している。[12]

政策的にも社会的にも関心が薄れ、貧困研究も冬の時代を迎えた、というのが大方の見方だ。[13] 市民の知る権利にこたえるメディアもまた、諸外国の事情を中心に貧困を報じた。一般市民に広く貧困率が伝わったのは2009年。政府として初めて、貧困率を公表した。国民生活基礎調査をもとに算出した相対的貧困率だ。

私たちは、貧困の意味について語らなさすぎた。どう見て、どう聞いて、どうとらえ、どう話し、どう行動できるか、場数を踏んでいない。[14] どんな情報や知識に基づいて、困窮している人についての理解を自分のなかでつくっているのか、立ち止まって考える必要がある。お金がないことから来る様々な困難は、人の尊厳や命に関わることだ。空気に左右されることがあってはならない。

政治や人々の暮らしの状況でどちらにも振れる、ということを知っているか知らないかでは、構えが全く異なる。知っていれば、戦略が立てられる。そのときの軸を、寺内さんは「人権」に置く。「私は公助という言葉を使わない。公助ではなく社会保障だ。社会保障とは、社会（国、自治体）が『助ける』『助けてやる』のではなく、生存権、人権、幸福追求権などを保障すること」と強調する。自己責任論にもとづく情報が、この社会ではるかに多く出回り、意識に刻み込まれている。だからこそ、辻さんは公教育で「人権」を視角にした学びにこだわる。

寺内さんと辻さんが「唯一の正解」というわけではない。人間だから合う合わないがある。ただし、「歴史」と「人権」で体幹を整え、両足で踏ん張り、仲間を増やして手をつなぎ、波にのみ込まれそうになったときの揺らぎを抑える訓練には、誰でも参加できるのではないか。

予算を増やせと言ってしまえば簡単だが、人任せになって、人の痛みを切り離して考えてしまうのではないかと懸念する。適切な財政措置や安全網のバージョンアップは、一人ひとりが心からそうあって欲しいと思って行動できるかどうかによるのではないだろうか。そのためには、社会的に忘れられてきたこと、本書で伝えてきたようなことを話し合う文化が生まれることが大事だ。抑圧されて声に出せない人の「言葉」を立脚点に、尊厳と命が守られる（あるいは守られなかった）経験とそれが持つ意味を知って、語られていくことが、ハードルを下げる。それは、社会の安心づくりに役立つ。

あとがき

届きにくい声にこそ価値を

書き終わってみると、「寺内&辻&つながった人たち語録」になりました。寺内さんと辻さんの活動は日々積み上げられ更新されていくゆえ、情報と考察が点在しています。私はこれらを整理して保存・保管したかったのだと気付きました。

行政の支援からはじかれたり、傷つきあきらめたりして、耳を傾けてこられなかったために公的記録に残らない声そのもの、支援に値するかどうかを「社会の常識」「大人の都合」で値踏みされた声の主のこと、ただ打ちのめされて黙って現状を受け入れているのではなく、人として大切にされたいともがき闘う一人ひとりのことを、アーカイブ化する必要があるのではないか、と考えました。アーカイブとは、古文書・記録文書類、またその保管所、公文書館のことを指しますが、届きにくい声にこそ大切に記録し、価値を置く必要があるのではないでしょうか。

「聞かない」寺内さんと、「紙に書かない」辻さんは普段、ＳＮＳ発信派です。記者としては、このままインターネットの波に流されてしまうのを見ているだけの選択肢は取れません。問題の原因と解決を個人にのみ求める言説と権力を、結果的に増大させる構造に加担するわけにはいかない。なかったことにされるのは、恐ろしいことです。

いわゆるマスメディア的に、複雑なことがらを、なじみがない人にも伝わるように工夫・編集することが、ある意味で、暴力性を帯びていることは重々承知しています。人の人生を切り取ったり要約したりする自分の行為の意味を考えてきました。

今回、整理がつかず揺れ続ける語りの主と、そばで寄り添う人々のまなざしをできるだけ生の言葉で載せようと心掛けました。ごく一面をとらえたにすぎませんが、人は変わっていきます。全部とらえようとするのも高慢な気がします。

一方、十分にすくい取り切れていない点もあります。

マスコミからの取材要請を受けることの多い寺内さんは、次のように指摘しています。

「マスコミの人たちは気付いていないと思うけど、取材したのに掲載しないことがある。これも相手を非常に傷つけるのだ。しんどいことを話すのはとてもしんどい。それを乗り越えて頑張って取材に応じたのに、自分たちが望む取材内容でなければ取り上げない、掲載しない。否定されたと感じる。これがとても暴力的であることに気付いていないよね。シンママ大阪応援団のママたちで、このことがトラウマになっている人が何人もいる」

私もこのことを背負っている一人だと自覚し、どのような発信方法があるのかを引き続き探りながら、ここでいったん保存ボタンを押します。

「10年前より増えている」

約3年前、寺内さんと辻さんの活動を中心に本にまとめたいと思い立ったころ、「覚えてますか?」と、ある女性からツイッター（現X）を通じてメッセージを受け取りました。およそ10年ぶり。私は当時、彼女を取材し、記事は朝日新聞に載り、前著[1]（2012年）にも収録しました。

ツイッターで私を見つけてくれたことは、とても嬉しかったのと同時に大変な驚きでもありました。なぜなら、彼女は取材後しばらくして、「失踪」したからです。

取材時点で彼女は20歳。夫は19歳。10カ月の子どもと3人暮らしでした。夫婦とも子ども時代、親と離れて暮らした経験がありました。彼女は保護者から虐待され、幼いきょうだいの世話をし、中学生で児童養護施設に入る時に、「やっと家族と離れられる。新しい人生が手にはいる」と思ったと話してくれました。取材当時、「自分たちがされなかったことを、この子にしてあげたい」と夢を語っていました。夫の事件を契機に弁護士とつながり、それが夫婦の困難の発見と支援へと広がり、仕事探しや保育園の空き待ちが難航するものの、保健師や弁護士ら専門家や行政に見守られていました。

彼女が10年ぶりに連絡をくれたきっかけは、ふと開いたLINEニュースで、マコさんの話（3章2話）を読み、筆者が私だと気付いて、ネット検索して見つけてくれたのでした。

彼女と再会しました。いろいろあって1人で東京に出て、子どもを産んで、また離婚してシングルマザーになった、自分の実父に初めて会うことができた、働きながらやりくりしているがなかなか大変だ、と10年分の空白を埋めるように話してくれました。持ち前の聡明さと社交性で、職場で活躍している様子もうかがえました。また、つらい経験をしている人たちが身近にいる、と教えてくれ、「何か自分の経験を役に立てたいのだけれど」と前置きしたうえで、「10年前と比べ、悲しい出来事はむしろ増えている気がする」と言いました。

私たちはこの間、何を変え、何を変えられなかったのでしょうか。

問われているのは、聞く側

ジャーナリズムの役割の一つ、権力監視といえば、政治家や官僚、警察、企業、地方行政など大きな組織や巨大なパワーを持つ個人の不正を暴き、報じることがまず頭に思い浮かぶのではないでしょうか。子ども・若者と女性の貧困に関連する諸問題は、多くの方が想像する「権力監視」からは離れているかもしれません。しかし、権力側の不作為を見いだすのも権力監視だと最近特に思います。普通の人の、特に声の小さい人々の営みはその「告発」なのだと今回振り返る機会になりました。

そのうえで、もう少し掘り下げて考えてみたいのです。当事者であれ非当事者であれ（当事者という言葉は人の間に境界線を引いてしまいがちなので、本当は使いたくないが）、本来は同じボリュームで声を出しているにも関わらず、「声の小さい人」は聞く側の姿勢や価値観で、一方的に「声なき者」に位置付けられてきたのではないか。ということは、「声が届かない」としておく方が、都合がいい人たちがいるのではないか。つまり、操作できてしまう。弱い者として位置づけられ、他者の存在を脅かさないうちはいいけれど、そうでなくなると叩かれる――。

だとしたら、一人ひとりがもっと違う目線で現状を見てもいい。今日も全国各地で声なき者に位置づけられた人々のそばで、その声を届けようと、個人、学校、地域、企業、行政、メディアなど、様々なレベルでの努力が続いています。この本がその交差点となって、いろんな視角から考えられるきっかけになればと思います。目に見える大きな変化がないからといってこれまでやったことが泡となって消えるわけではなく、むしろ自信を持ち続けながら、声なき声が公平に評価されるよう、力を集めることができると思います。

謝辞

寺内さんと辻さんのことを中心に本にまとめたいと言い出してから約3年が経ちました。温かく見守り、励ましてくださったかもがわ出版の編集者、吉田茂さんと伊藤知代さんの柔らかく、的確な助言がなければ、完成させることはできませんでした。「まとめ」で触れた貧困を巡る歴史や議論の部分は、北海道大学教育学部・教育学院の教育福祉論（松本伊智朗教授、鳥山まどか准教授）の講義などに刺激を受けたところが大きいです。

何より、書籍化を快諾してくださった寺内さんと辻さんには、ようやく一つの形にすることができて、ほっとしています。何度も何度もお話を聞き、仕上がるまでに長い時間を要したことを心苦しく思いつつ、寛容さに甘えました。そして、お二人と力を合わせて行動する仲間、支える方々に敬意を表します。

最後に、声を託してくださった子どもたち、若者、女性のみなさん、本当にありがとうございました。「あー、この頃ほんとつらかったな！って今では少しだけ笑えます。これだけのこと乗り越えてきたからもう大丈夫だって再確認しました」「どうかこれを見て、一歩踏み出せるママがいますように」「悩むママに出会ったら、この本読んでって渡せます」と経験した人が持つ言葉の重みが、私の背中を押してくれました。
　生きること自体が危険にさらされている一人ひとりの声が、個別支援を促すだけではなく、この社会の構成員が自分ごととして受け止め、変化をもたらす足がかりになると信じています。

子どもの貧困対策法が成立してから10年目のある日に

中塚久美子

出典・参考文献一覧

【はじめに、1～4章】

▼朝日新聞デジタル「子どもの貧困対策、本丸は『賃金上昇』　阿部彩教授がみたこの10年」 https://digital.asahi.com/articles/ASR736R88R6VPIHB001.html?iref=pc_ss_date_article、２０２３年７月４日

▼濱田恵美「元ＤＶ被害者の手記　見えない鎖」『女性のひろば』２０２０年４月号、日本共産党中央委員会

▼寺内順子『「大丈夫？」より「ごはん食べよう！」言葉はなくても伝わるものはある』日本機関紙出版センター、２０２０年

▼シンママ大阪応援団編、芦田麗子監修『シングルマザーをひとりぼっちにしないために～ママたちが本当にやってほしいこと～』日本機関紙出版センター、２０１７年

▼南和子・亀岡照子『釜ケ崎の保健婦』清風堂書店、１９９８年

▼日本生活協同組合連合会『生協しってみようブック』２０１４年

▼辻ゆきこ『たった5日で選挙に出ました』文芸社、２０１３年

▼周燕飛「子どもの貧困と親への就業支援」内閣府第12回子供の貧困対策に関する有識者会議資料1、２０１９年 https://warp.da.ndl.go.jp/info:ndljp/pid/12927443/www8.cao.go.jp/kodomonohinkon/yuushikisya/k_12/pdf/s1.pdf

▼阿部彩「子どもの貧困率の動向（２０２２調査ｕｐｄａｔｅ）」ＪＳＰＳ22Ｈ０５０９８ https://www.hinkonstat.jp/

▼特定非営利活動法人ビッグイシュー基金『若者ホームレス白書　当事者の証言から見えてきた問題と解決のための支援方策』２０１０年12月 younghomeless.pdf (bigissue.or.jp)

▼葛西リサ『13歳から考える住まいの権利』かもがわ出版、２０２２年

▶ 宮本みち子『若者が無縁化する―仕事・福祉・コミュニティでつなぐ』ちくま新書、２０１２年
▶ 西澤哲・西岡加名恵監修『生野南小学校教育実践シリーズ第１巻 「生きる」教育 自己肯定感を育み、自分と相手を大切にする方法を学ぶ』日本標準、２０２２年
▶ 大阪市立生野南小学校ホームページ、本校の研究（がんばる先生等）https://swa.city-osaka.ed.jp/swas/index.php?id=e671493&frame=frm58ec2db3bd210
▶ 大阪市立生野南小学校「８年間の国語科授業研究～読解力を伝え合う力に～」令和３年11月19日公開授業・講演会資料（令和３年度文部科学省学校における命の安全教育推進事業、令和３年度大阪市教育委員会「がんばる先生支援」グループ研究Ａ）
▶ 大阪市立生野南小学校研究紀要『生野南小学校の教育～８年間の研究の歩み～』令和３年度大阪市教育委員会「がんばる先生支援」グループ研究Ａ

【5章】

（1）子どもの貧困、ひとり親の不利

1 厚生労働省「２０２２（令和４）年 国民生活基礎調査の概況」https://www.mhlw.go.jp/toukei/saikin/hw/k-tyosa/k-tyosa22/index.html
2 内閣府男女共同参画白書令和４年版６-５表。ＯＥＣＤ加盟36カ国中、日本は２番目にひとり親世帯の貧困率が高い https://www.gender.go.jp/about_danjo/whitepaper/r04/zentai/html/zuhyo/zuhyo06-05.html
3 小林庸平・平安乃・横山重宏「『子どもの貧困率』はなぜ下がっているのか?―統計的要因分析―」三菱ＵＦＪリサーチ&コンサルティング https://www.murc.jp/wp-content/uploads/2023/08/seiken_230814_02_01.pdf
4 厚生労働省「令和３年度全国ひとり親世帯等調査」https://www.cfa.go.jp/assets/contents/node/basic_page/field_ref_resources/f1dc19f2-79dc-49bf-a774-21607026a21d/9ff012a5/20230725_councils_shingikai_hinkon_hitorioya_6TseCaln_05.pdf

5　最高裁判所「養育費に関する手続」https://www.courts.go.jp/saiban/syurui/syurui_kazi/youikuhi-tetsuzuki/index.html
6　ユニセフ『レポートカード18』豊かさの中の子どもの貧困　日本39カ国中8位　改善には偏り」https://www.unicef.or.jp/news/2023/0208.html
7　阿部彩「ユニセフ　イノチェンティ研究所レポートカード18『豊かさの中の子どもの貧困』日本についての解説」https://www.unicef.or.jp/news/2023/0209.html
8　松本伊智朗・湯澤直美・平湯真人・山野良一・中嶋哲彦編著『子どもの貧困ハンドブック』かもがわ出版、２０１６年

（2）食べてない、休んでないママたち〜所得保障を考える

1　藤原千沙「新自由主義への抵抗軸としての反貧困とフェミニズム」松本伊智朗編『「子どもの貧困」を問いなおす―家族・ジェンダーの視点から』法律文化社、２０１７年
2　鳥山まどか「子育て世帯の家計：「家計管理の安定性」の観点から」松本伊智朗編著『子どもと家族の貧困―学際的調査からみえてきたこと』法律文化社、２０２２年
3　セーブ・ザ・チルドレン・ジャパン「子ども給付金〜新入学サポート２０２３〜申請時アンケート調査結果速報値」https://www.savechildren.or.jp/scjcms/sc_activity.php?d=4144

（3）命の危機〜虐待、ＤＶ、自殺

1　子どもの虹情報研修センター「平成28年度研究報告書　児童虐待に関する文献研究 子どもの貧困と虐待」（研究代表者川松亮）
2　内閣府男女共同参画局配偶者からの暴力に関するデータ「ＤＶ相談件数の推移」https://www.gender.go.jp/policy/no_violence/e-vaw/data/01.html
3　警察庁「統計　ストーカー・ＤＶ・児童虐待等」https://www.npa.go.jp/publications/statistics/safetylife/dv.html

4 内閣府「男女間における暴力に関する調査」２０２１年 https://www.gender.go.jp/policy/no_violence/e-vaw/chousa/h11_top.html

5 警察庁「自殺者数」https://www.npa.go.jp/publications/statistics/safetylife/jisatsu.html

6 令和５年版自殺対策白書

7 厚生労働省「自殺対策」https://www.mhlw.go.jp/stf/seisakunitsuite/bunya/hukushi_kaigo/seikatsuhogo/jisatsu/index.html

（４）生活保護〜原則認められない大学進学、受給への抵抗感

1 厚生労働省第25回社会保障審議会「生活困窮者自立支援及び生活保護部会」（資料）https://www.mhlw.go.jp/content/12501000/001160579.pdf

2 厚生労働省「生活保護世帯出身の大学生等の生活実態の調査・研究等一式報告書」https://www.mhlw.go.jp/stf/seisakunitsuite/bunya/0000212816.html など。また、以下の調査からも状況が分かる▽桜井啓太・鷲見佳宏・堀毛忠弘「生活保護と大学進学—生活保護世帯の大学生等生活実態調査（堺市）から—」『貧困研究 vol.20』明石書店、２０１８年

3 給付型奨学金や世帯分離など生活保護世帯の子どもの進路に関する制度は、厚生労働省社会・援護局保護課の冊子「〇カツ！」で紹介している。001195381.pdf (mhlw.go.jp)

4 令和４年度全国厚生労働関係部局長会議資料、社会・援護局（社会）詳細資料49ページ、２０２３年１月 https://www.mhlw.go.jp/content/10200000/001046320.pdf

5 堀江孝司「新聞報道に見る生活保護への関心——財政問題化と政治問題化」大原社会問題研究所雑誌№７１９・７２０、２０１８年９・10月、および水島宏明『メディアは「貧困」をどう伝えたか』同時代社、２０２３年

6 ２０１９年２月21日衆院予算委員会で、片山・女性活躍推進担当大臣（当時）は、「生活保護は生きるか死ぬかのレベルの人がもらうものである」という過去の認識についての質問に対し、「生活保護というのはさまざまな手段の中で最後のセーフティーネットであるということは、今でもそのように認識をしておりますが、今おっしゃった発言

が、私がまだ取り消しておりませんでしたら、ツイッターの中では取り消したものもありますが、そこだけとられると確かに誤解を招くこともございますので、今はそのようには思っておりません」と答えている。
7 4の72ページから算出
8 山田壮志郎「生活保護制度に関する市民意識調査」日本福祉大学『社会福祉論集』第132号、2015年3月
9 片山さつきユーチューブチャンネル「【生活保護】問題点と改善が必要な部分を指摘します」2021年9月19日配信

（5）施設や里親を離れた子ども・若者～社会的養護と子どもの権利

1 令和2年度子ども・子育て支援推進調査研究事業 児童養護施設等への入所措置や里親委託等が解除された者の実態把握に関する全国調査【報告書】、2021年3月 https://www.mhlw.go.jp/content/11900000/000863975.pdf
2 厚生労働省令和4年6月に成立した改正児童福祉法について https://www.mhlw.go.jp/content/000995561.pdf
3 日本ユニセフ協会子どもの権利条約〈https://www.unicef.or.jp/crc/〉、公益財団法人人権教育啓発推進センター『人権について考える 人権って何だろう？2023』など
4 米留里美・長瀬正子・永野咲『子どもアドボカシーと当事者参画のモヤモヤとこれから 子どもの「声」を大切にする社会ってどんなこと？』明石書店、2021年

【まとめ】

1 橘木俊詔、浦川邦夫『日本の貧困研究』東京大学出版会、2006年
2 金子充『入門 貧困論』明石書店、2017年
3 ロバート・マルサス『初版 人口の原理』高野岩三郎・大内兵衛訳、岩波書店、1962年改版
4 橘木俊詔『課題解明の経済学史』朝日新聞出版、2012年。ほか小峯敦編著『経済思想のなかの貧困・福祉 近

現代の日英における「経世済民」論』ミネルヴァ書房、2011年なども参照した。

5 2や4参考

6 阿部實「チャールズ・ブースと『貧困調査』」石川淳志、橋本和孝、浜谷正晴編著『社会調査―歴史と視点』ミネルヴァ書房、1994年　＊ブースの調査は1886〜1902年の17年にわたって実施された。

7 B・S・ラウントリー、長沼弘毅訳『貧乏研究』千城、1975年　＊ラウントリーの調査は1899年から約50年の間に3回実施。なお、同書によれば、日本でも売り出された菓子「Polo」はラウントリー社製という。ラウントリーは1924（大正13）年に来日して東京や大阪などで講演会を開き（小沼正、季刊社会保障研究5巻3号、1969年12月）、また1952年秋に来日した（長沼）という。

8 岩永恵美・岩田正美「貧困研究の系譜」駒村康平編著『福祉+@10 貧困』ミネルヴァ書房、2018年

9 同前　＊なお、タウンゼントは「チャイルド・ポバティ・アクション・グループ」の設立者でもある（同グループウェブサイトなど参照）。

10 ルース・リスター『新版　貧困とはなにか　概念・言説・ポリティクス』松本伊智朗監訳、明石書店、2023年

11 小沼正『貧困―その測定と生活保護―』東京大学出版会、1974年

12 NHKアーカイブス「戦後史証言プロジェクト：日本人は何をめざしてきたのか：2015年度『未来への選択』第4回　格差と貧困〜豊かさを求めた果てに〜」https://www2.nhk.or.jp/archives/movies/?id=D0001820045_00000

13 例えば1や、松本伊智朗「なぜ、どのように、子どもの貧困を問題にするのか」松本伊智朗・湯澤直美編著『シリーズ子どもの貧困1　生まれ、育つ基盤』明石書店、2019年

14 例えば松本伊智朗は前掲書で「社会的関心の空白期」と指摘する。

【あとがき】

1 中塚久美子『貧困のなかでおとなになる』かもがわ出版、2012年

●著者

中塚久美子（なかつか・くみこ）

1971年生まれ。1998年に朝日新聞の記者になり、2014年から専門記者（子ども、貧困）。

著書に『貧困のなかでおとなになる』（かもがわ出版、2012年）。

『生まれ、育つ基盤　子どもの貧困と家族・社会』（明石書店、2019年）、『失敗しないためのジェンダー表現ガイドブック』（小学館、2022年）などにも執筆。貧困ジャーナリズム賞（2010年）、取材班で2016年坂田記念ジャーナリズム賞など受賞。

イラスト：佐々木こづえ
装丁：佐藤 匠（クリエイツかもがわ）
本文DTP：小國文男

子どもと女性のくらしと貧困
「支援」のことばを聞きに行く

2024年5月20日　初版第1刷発行

著　者―中塚 久美子
発行者―竹村 正治
発行所―株式会社かもがわ出版
〒602-8119　京都市上京区堀川通出水西入
TEL：075-432-2868　FAX：075-432-2869
振替　01010-5-12436

印刷所―シナノ書籍印刷株式会社

ISBN978-4-7803-1322-2 C0036